동인도 회사와
유럽 제국주의

세계 석학들이 뽑은
만화 세계대역사 50사건 21

동인도 회사와 유럽 제국주의

개정 1판 1쇄 인쇄 | 2018. 1. 22.
개정 1판 1쇄 발행 | 2018. 2. 12.

김지은 글 | 진선규 그림 | 손영운 기획

발행처 김영사 | 발행인 고세규
편집 고영완 | 디자인 유상현

등록번호 제 406-2003-036호 | 등록일자 1979. 5. 17.
주소 경기도 파주시 문발로 197(우10881)
전화 마케팅부 031-955-3100 | 편집부 031-955-3113~20 | 팩스 031-955-3111

ⓒ2018 김지은, 진선규, 손영운
이 책의 저작권은 저자에게 있습니다. 저자와 출판사의 허락 없이 내용의 일부를
인용하거나 발췌하는 것을 금합니다.

값은 표지에 있습니다.
ISBN 978-89-349-5558-0 07900
ISBN 978-89-349-3997-9(세트)

좋은 독자가 좋은 책을 만듭니다. 김영사는 독자 여러분의 의견에 항상 귀 기울이고 있습니다.
독자의견전화 031-955-3139 | 전자우편 book@gimmyoung.com | 홈페이지 www.gimmyoungjr.com
어린이들의 책놀이터 cafe.naver.com/gimmyoungjr | 드림365 cafe.naver.com/dreem365

어린이제품 안전특별법에 의한 표시사항
제품명 도서 제조년월일 2018년 2월 12일 제조사명 김영사 주소 10881 경기도 파주시 문발로 197
전화번호 031-955-3100 제조국명 대한민국 ⚠ 주의 책 모서리에 찍히거나 책장에 베이지 않게 조심하세요.

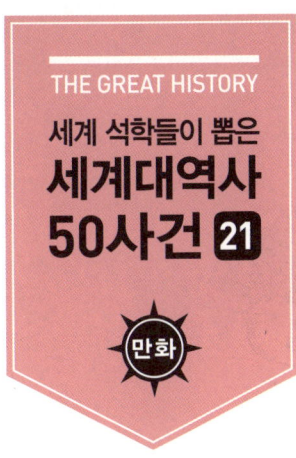

THE GREAT HISTORY
세계 석학들이 뽑은
세계대역사
50사건 21

만화

동인도 회사와 유럽 제국주의

김지은 글 | 진선규 그림 | 손영운 기획

주니어김영사

기획자 머리말

공부의 기본기를
저절로 다져 주는 책!

우리나라의 불교를 더욱 발전시킨 성철 큰스님은 세상을 떠나면서, '산은 산이고 물은 물이다.' 라는 법어를 남겼습니다. 저는 그 말씀이 매우 단순하지만 의미가 예사롭지 않아 평소에 잘 알고 지내던 스님께 그 뜻을 물었습니다. 그랬더니 그 스님은 이렇게 설명해 주었습니다.

옛날 중국에서 다섯 분의 큰스님이 《금강경》을 해설하면서 책을 썼는데, 그 책 속에 '산시산(山是山) 수시수(水是水) 불재하처(佛在何處)'라는 글이 들어 있다. 이 글의 뜻을 풀이하면 '산은 산이요 물은 물인데 부처님은 어디에 계실까?'이다. 성철 스님께서는 이 글의 앞 부분을 떼어내 법어로 남겼다. 사람들에게 세상을 자신의 주관이나 욕심에 따라 보지 말고, '있는 그대로 똑바로 보고 살아라. 그러면 세상 곳곳에 부처님이 있을 것이다.'라는 가르침을 주기 위해서다.

저는 고개를 끄덕였습니다. 그 뒤로 세상일을 마주하면 '산은 산이고 물은 물이다.'라는 말씀을 떠올리며 세상을 똑바로 보려고 노력했습니다. 다른 사람들의 생각과 행동을 있는 그대로 바라보고 존중했습니다. 그랬더니 사람들과의 마찰이나 갈등이 줄어들고 마음이 평안해졌습니다.

그런데 시간이 갈수록 문제가 생겼습니다. 산이 물이 되고, 물이 산이 되어 가치관의 혼돈이 일어났기 때문입니다. 공자께서 사람의 나이 마흔이 되면 모든 것에 홀리지 않는 불혹(不惑)의 경지에 이른다고 했는데, 저는 그렇지 못했습니다. 큰 고민이 생긴 것입니다.

저는 책을 읽었습니다. 동서양에서 수천 년 동안 일어난 일을 기록한 세계사를 읽었습니다. 서양 문명의 토대가 되는 그리스 사람들의 생각을 담은 《그리스 철학사》, 로마 제국의 흥망을 다룬 《로마 제국 쇠망사》, 중국 춘추 전국 시대의 혼란을 생

생하게 말한《패권의 시대》, 그동안 잘 알지 못하고 지낸 이슬람 문명을 소개한《이슬람 문명》, 인류 역사의 큰 전환을 이룬 대표적인 혁명을 다룬《프랑스 혁명에 관한 성찰》그리고《실크로드 길 위의 역사와 사람들》등을 읽었습니다.

    책을 읽으면서 세상을 똑바로 바라보기 위해서는 세상을 보는 제대로 된 눈을 가져야 하고, 그러려면 개인의 삶과 인류 역사에 대한 통찰력을 가져야 한다는 것을 깨달았습니다. 특히 한 시대를 지배했던 강대한 문명과 제국이 몰락할 때는 지배 세력이 오만함이 있었고, 그 오만에 취해 무엇이 잘못되고 있는지를 보지 않았다는 사실을 알게 되었습니다. 그리고 사상과 국경, 종교와 인종을 넘어서는 맑고 큰 눈을 가져야 세상을 똑바로 볼 수 있다는 사실을 알게 되었습니다.

    이와 같은 깨달음을 독자들에게 전하기 위해서 만든 책이 바로〈세계 석학들이 뽑은 만화 세계대역사 50사건〉입니다. 제가 전에 펴낸〈서울대 선정 만화 인문고전 50선〉이 사고의 틀을 만드는 데 도움을 주는 책이라면, 〈세계 석학들이 뽑은 만화 세계대역사 50사건〉은 세상을 바라보는 '통찰의 눈'을 갖게 하는 책이라고 생각합니다. 이 두 시리즈를 제대로 읽는다면 독자들은 '인문 사회학적 사고의 기본기'를 제대로 갖출 수 있으리라 자신합니다.

    오늘날 우리 사회는 미래 세대에게 세상을 어떻게 살아야 하는지, 어떤 세상을 만들면서 살아야 하는지를 가르치는 일에 소홀합니다. 높은 자리에 올라 윤택한 삶을 사는 일이 최고라는 가치관을 반복해서 주입하고 있습니다. 그래서 어떤 이는 우리 사회를 두고 '사유가 정지된 사회'라고 비판합니다. 하지만 저는 그렇게 생각하지 않습니다. 그동안 우리의 역사는 수많은 역경을 딛고 발전했으며, 앞으로 더 발전할 것이라 생각합니다. 우리 역사를 주도할 미래 세대를 믿기 때문입니다. 그들에게 이 책을 바칩니다.

손영운

글 작가 머리말

끊임없는 호기심으로
역사의 원동력을 찾자!

　때로는 역사상 일어난 사건들이 겉으로는 아무런 관련이 없어 보이기도 합니다. 하지만 조금 더 살펴보면 하나의 사건과 또 다른 사건에는 인과 관계가 있으며 꼬리에 꼬리를 물고 있다는 것을 알게 될 것입니다. 바로 그때 우리에게 역사는 더욱 흥미롭게 다가오고, 역사책을 읽는 것이 마치 한 편의 소설을 읽는 것처럼 재미나게 느껴지기도 합니다. 이 책에서는 15세기 중세 시대로 거슬러 올라가 유럽과 아시아가 어떻게 서로 만나게 되었으며 두 대륙 사이에 어떠한 사건들이 일어났는지를 살펴볼 것입니다.

　15세기 이전에 세계 여러 문명들 간의 소통은 매우 느리거나 거의 단절되어 있었습니다. 15세기에 들어서자, 포르투갈이 아프리카를 돌아 인도로 가는 바닷길을 처음으로 열었습니다. 포르투갈의 진출에 자극받은 에스파냐는 서쪽으로 항해하여 인도에 이르는 항로를 개척했습니다. 이 과정에서 콜럼버스가 아메리카라는 신대륙을 발견하기도 했지요. 이렇게 항해 루트가 전 세계적으로 확장되던 15세기를 '대항해 시대'라고 부릅니다. 말라카와 자바 해를 거쳐 인도와 중국을 잇는 바닷길이 유럽의 베네치아까지 연결되자 아시아와 유럽의 교역이 시작되었습니다. 유럽 국가들은 서로 아시아 시장을 차지하고자 치열한 경쟁을 벌입니다. 이렇게 하여 유럽 열강의 아시아 식민 통치의 막이 올라가게 되었지요.

　이 책에서는 제국주의 국가였던 네덜란드, 영국, 에스파냐를 비롯해 제2차 세계 대전 당시 새로운 정복자로 나선 일본, 그리고 식민 지배로 고통 받았던 인도네시아, 인도, 필리핀을 살펴볼 것입니다. 또한 유럽의 무역 활동이 어떻게 제국주의로 변질되어 아시아의 식민지 역사를 낳았는지, 동인도 회사가 어떻게 제국주의 식민 지배의 첨병이 되었는지, 아시아 각 국가들의 민족의식은 어떻게 깨어났으며 독립을 이루기 위한 과정은 어떠했는지 등등을 살펴볼 것입니다.

    인도의 초대 수상이었던 네루가 영국에 반기를 들어 감옥에 갇혔을 때 투옥 중에서도 딸에게 인도의 역사와 세계사를 가르치기 위해 보낸 편지가 있습니다.

    나는 네게 역사의 골격을 담아 많은 편지를 썼다. 네가 역사를 애정의 눈으로 바라본다면 그 무심한 골격은 살과 피를 갖고 있는 살아 있는 역사가 될 것이다. 게다가 역사의 장을 펼쳐 그것을 움직이는 힘을 찾아내고자 한다면 우리는 거기에서 무엇인가 배울 수 있다.

—네루가 딸 인디라 간디에게 보낸 1933년 8월 9일자 편지.

    이 책을 읽을 때 끊임없는 호기심으로 각 사건 뒤에 숨겨진 힘의 원동력을 찾고자 한다면 여러분 또한 네루가 말한 것처럼 역사를 통해 분명히 "무엇인가 배울 수" 있을 것입니다. 부족하지만 이 한 권의 책이 작은 도움이 되기를 바랍니다.

    끝으로, 항상 새로운 도전을 통해서 저를 끊임없이 자라게 하시는 하나님께 감사드립니다. 또한 원고를 쓰는 동안 물심양면으로 돕고 응원과 지지를 보내 준 사랑하는 남편과 엄마의 원고 작업이 끝날 때까지 잘 기다려 준 아들 종현이에게 감사와 사랑의 마음을 전합니다.

김지은

그림 작가 머리말

역사에는 생각하게 만드는
힘이 있다!

　《동인도 회사와 유럽 제국주의》의 원고를 끝내고 짬을 내 안면도로 여행을 다녀왔다. 산 위에 '안면도 쥬라기 박물관'이 있는데 아들과 딸이 공룡을 너무나도 좋아하는지라 절대 피해 갈 수 없었다. 티라노사우루스가 이곳 산 정상을 차지하고 있었다. 막상 들어가 보니 밖에서 보는 것보다 훨씬 더 좋았다. 산 정상이라 탁 트인 시야, 본관 못지않게 잘 꾸며진 공원 밖 조형물들!

　무엇보다 공원 안 아이들의 시선을 끈 티라노사우루스 조형물! 그리고 바로 그 아래에 우리 가족의 시선을 사로잡은 대포 하나가 있었다. 뽀얗게 흙먼지를 뒤집어쓰고 있고, 공룡들에 시선을 빼앗겨 눈에 잘 띄진 않았지만 이 대포는 그날 우리 가족에게는 최고의 선물이었다. 용 머리를 하고 있는 대포의 중앙에 새겨진 문양 하나가 우리 가족을 과거 역사로 빠져들게 한 셈이었는데, 그 문양은 바로 수개월 동안 작품 속에서 셀 수 없이 보고 그렸던 동인도 회사(VOC)의 문양이었다.

　마치 생전 처음 간 곳에서 아는 이를 만난 것처럼 기분이 좋았다.
　이때 딸아이 입에서 나온 한마디는 이랬다.
　"아빠! 저 그림 아빠가 그렸던 거잖아!"
　그러고는 기다렸다는 듯 딸아이 입에서 쏟아지는 수많은 질문들!

　원고 작업을 하는 동안 그 어떤 질문도 하지 않았던 아이가 갑자기 굉장한 관심을 보였다. '아~ 이래서 백문이 불여일견百聞 不如一見이라는 거구나' 하고 새삼 실감한 하루였다.
　돌아오는 차 안에서도 딸과의 대화는 계속 이어졌다. 우리의 이야기는 어느새 동인도 회사가 아니라 세계사와 우리나라의 역사를 두서없이 넘나들

　며 역사의 바다로 빠져들어 가고 있었다. 참 즐겁고 값진 하루였다.
　이런 하루를 보내면서 생각한 것이 있었다.
　역사란 이렇듯 꼬리에 꼬리를 물며 사람들에게 생각하고 또 생각하게 만드는 힘이 있다는 것, 그렇게 인류의 지혜가 쌓여 가고 또 전해지고 발전된다는 것이다.
　딸아이, 아니 우리 가족의 오늘 하루는 아주 작은 경험일 수도 있지만 이런 경험과 기억들이 쌓여 보다 큰 역사를 만들어 가는 것이리라. 그래서 역사 만화를 그린다는 것이 더욱 뿌듯하게 느껴진 하루였다.

　이번 책의 원고를 그리며 또 하나 느낀 것이라면 '모든 역사적 사건 뒤엔 전쟁이 있다는 것'이다. 인류사의 전환점마다 또는 문화가 만날 때마다 전쟁이 있어 왔고 그 속에서 수많은 사람들이 고통 받고 희생되어 왔다.

　그 어떤 전쟁도 생명이라는 숭고한 가치 앞에 떳떳하지는 않을 것이다.
　부디 인류가 남긴 실패와 성공, 생명과 화해의 메시지가 이 만화를 통해 조금이나마 전해져 저 먼 미래의 역사 만화 속에는 전쟁이란 단어가 사라지기를 기원해 본다.
　내 딸과 아들, 우리 후손들을 위해서라도.

진선규

차례

1장 포르투갈의 동방 탐험 ······················· 12
향료가 뭐예요? / 28

2장 네덜란드 동인도 회사 ······················· 30
과거와 현대가 공존하는 '자카르타' / 50

3장 네덜란드 동인도 회사의 인도네시아 통치 ······················· 52
마타람의 전통을 잇는 욕야카르타 / 70

4장 네덜란드의 인도네시아 통치 ······················· 72
핏빛 역사 위에 얻어 낸 아체의 자치권 / 88

5장 인도네시아의 민족주의 ······················· 90
수카르노의 비동맹 중립 외교 / 106

6장 일본 제국주의와 인도네시아의 독립 ················ 108
　　　태평양 전쟁과 일본 / 124

7장 영국 동인도 회사와 인도 ························· 126
　　　인도의 역사 / 142

8장 인도의 반영 민족 운동 ························· 144
　　　인도의 지도자 간디와 네루 / 160

9장 필리핀과 에스파냐 제국주의 ···················· 162
　　　필리핀의 문화와 종교 / 178

10장 미국 제국주의와 필리핀의 저항 ················ 180
　　　필리핀의 민족 영웅, 호세 리살과 라푸라푸 / 198

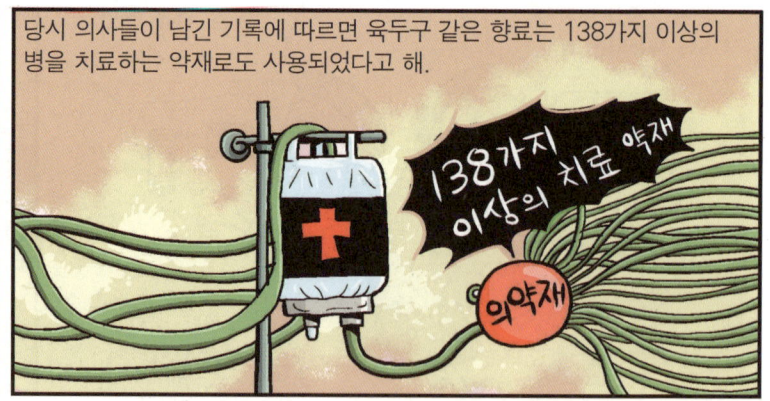

육두구는 생장 조건이 까다로워서 아무 데서나 자라지 않아. 아시아에서도 인도네시아 동쪽 끝에 있는 말루쿠 제도에서만 자라는 향료이지. 이곳을 일명 '향료 제도'라고 해.

당시 육두구의 가치는 하늘을 찌를 듯해서

육두구 한 알은 금 한 덩어리와 같은 가치가 있었지!

육두구를 얻기 위해 모두들 혈안이 되어 있었어.

그 당시 향료가 유럽으로 공급되던 방식은 꽤나 복잡했어.

말루쿠 제도의 원주민들이 정향과 육두구 같은 향료를 수확해서 그곳을 오가며 장사를 하던 중국 상인들에게 팔면

중국 상인들은 그 상품을 말레이 반도의 말라카*로 운송하지.

* '믈라카'의 옛 이름.

그리고 이곳에서 무역 활동을 하던 이슬람 상인들과 인도 상인들이 이 상품들을 인도의 서부 해안에 있는 코친, 고아, 디우로 운반하고

인도에서 생산되는 후추와 함께 당시 동로마 제국의 수도였던 콘스탄티노플로 운반했어.

그곳에서 거의 모든 향료가 베네치아 상인들의 손에 넘어가

몇 배씩 부풀려진 아주 비싼 가격으로 전 유럽에 공급되곤 했지.

이 과정에서 베네치아 상인들은 향료 무역을 독점하여

어마어마한 이득을 얻고 있었던 거야.

약 400년간 베네치아 상인들이 이슬람 상인들을 등에 업고 엄청난 이익을 챙겨 가니

다른 유럽 국가들이 얼마나 배가 아팠겠어?

그래서 직접 향료 무역에 뛰어든 나라가 바로 포르투갈이야!

사실 포르투갈이 향료 무역에 집착한 데에는 다른 중요한 이유가 하나 더 있었어.

1411년 당시 포르투갈은 이베리아 반도에 나란히 있는 에스파냐와 협정을 맺었는데 그 협정으로 국경선이 확정되었어.

이로써 이베리아 반도 내에서 영토를 확장할 수 있는 가능성은 없어졌어.

그렇게 되자 전쟁을 통해 이득을 얻어 오던 귀족들은 한순간에 할 일을 잃은 셈이 되었지.

이젠 뭘 먹고 사나?

답이 없네!

또한 잇따른 경제 불황에서 빠져나올 곳이 필요했단다.

탈출이다!

마침 포르투갈의 항해술은 유럽의 다른 나라에 비해 크게 앞서 있었지.

가자! 세계로! 미래로!

당시 포르투갈에는 바르톨로뮤 디아스라는 유명한 항해가가 있었어. 그는 1488년 아프리카 최남단의 희망봉을 발견했지.

이후 또 다른 항해가인 바스쿠 다가마는 희망봉을 돌아 인도에 도착하여 인도 항로를 개척했어.

이 일로 그동안 신비에 싸여 있던 아시아가 유럽에 처음으로 그 모습을 드러내게 되었지.

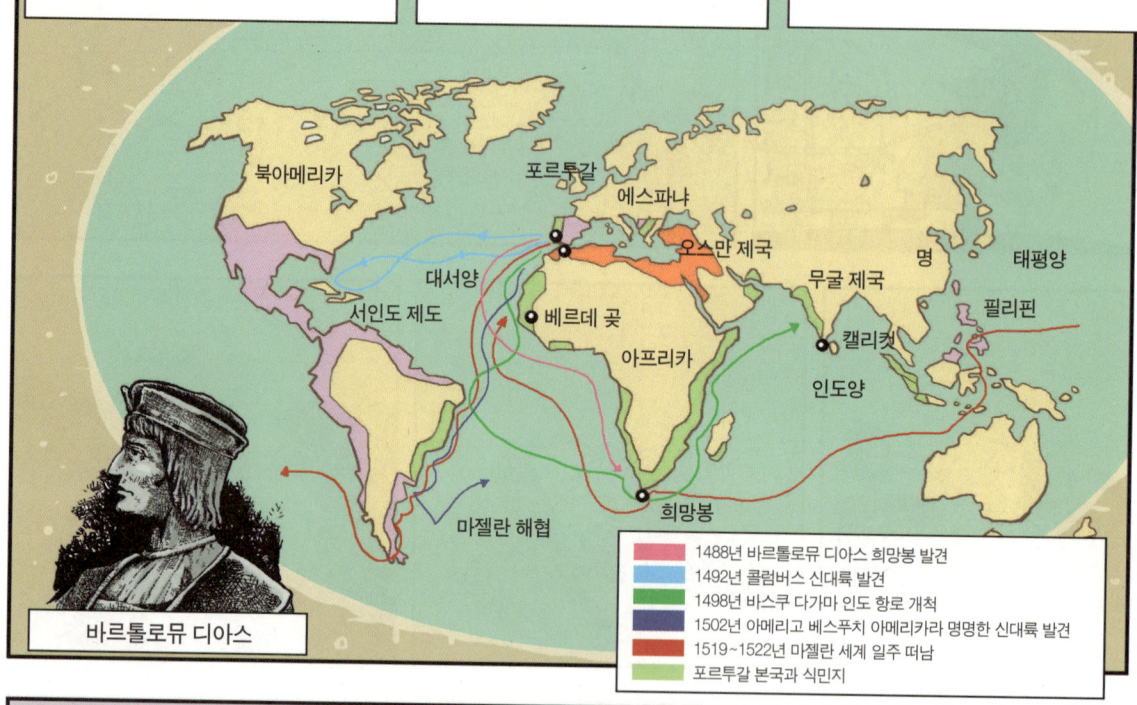

바르톨로뮤 디아스

1488년 바르톨로뮤 디아스 희망봉 발견
1492년 콜럼버스 신대륙 발견
1498년 바스쿠 다가마 인도 항로 개척
1502년 아메리고 베스푸치 아메리카라 명명한 신대륙 발견
1519~1522년 마젤란 세계 일주 떠남
포르투갈 본국과 식민지

말라카 해협에 이른 포르투갈은 이 항로 주변 지역을 장악하기 위해 당시 이 지역에서 약 1세기 동안 정치, 경제, 문화적으로 번영을 구가하던 해상 왕국 말라카와 전쟁을 치렀어.

말라카 왕국은 각종 선진 무기를 앞세운 포르투갈의 공격에 두 달 이상 버티지 못하고 항복하고 말았지.

항복입니다! 살려 주세요!

20 동인도 회사와 유럽 제국주의

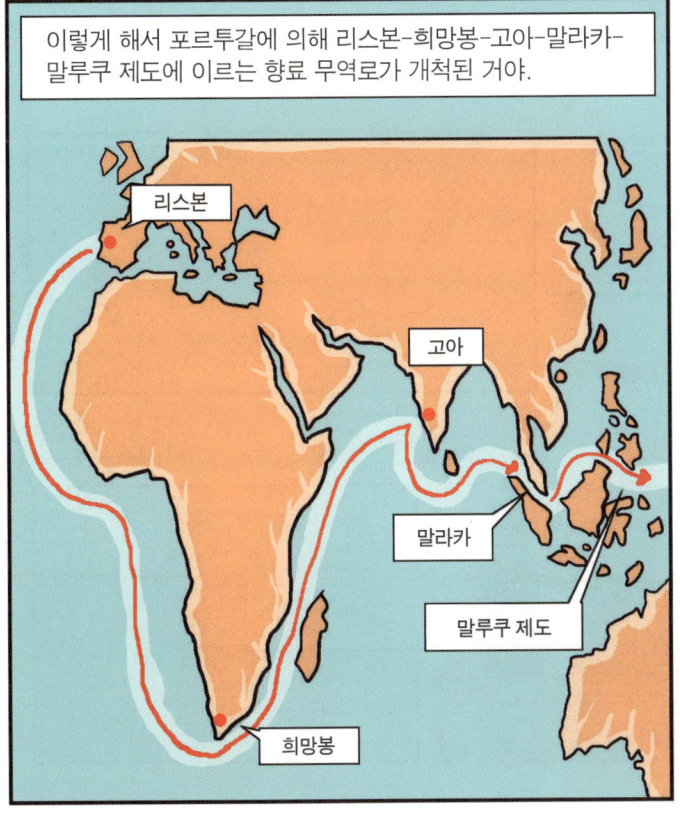

국가의 재정적 지원을 받으며 인도네시아에 진출했고

그 중심에는 바로 '동인도 회사'가 있었어.

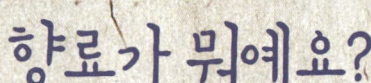

향료가 뭐예요?

열대 아시아에서 생산되어 17세기 이전에 진귀한 상품으로 왕실과 귀족들 사이에서 판매, 소비되었던 향료. 향료는 요리에 사용되어 맛과 풍미를 돋우고, 그 기능에 따라 약재로도 사용되는 것들이지요. 중세 유럽 인들의 마음을 사로잡았던 향료에는 어떤 것이 있었는지 알아볼까요?

육두구

'사향 향기가 나는 호두'라는 뜻을 가지고 있는 육두구는 예부터 동양에서 귀중한 약재로 사용되었어요. 서양에서는 후추, 정향, 계피와 함께 4대 향신료로 불릴 만큼 귀한 것이었답니다.

육두구란	주황색 살구 모양의 열매가 잘 익으면 열매의 벌어진 껍질 속으로 갈색 씨앗이 드러나지요. 그 씨앗을 갈아 만든 것이 육두구예요.
용도	고기의 누린내를 없애 주고, 고기가 상하는 것을 막아 줘요. 17세기에는 흑사병이나 오한을 치료하는 약재로도 알려졌어요.
사용되는 요리	도넛, 쿠키 등 달콤한 맛이 나는 후식 요리에 주로 쓰여요. 고기 요리, 육가공품에도 빠지지 않고 쓰이지요.

메이스

메이스는 육두구보다 덜 자극적이고 더 부드러운 맛을 가지고 있어요. 그래서 육두구보다 훨씬 비싼 가격에 거래되곤 했지요. 메이스와 육두구는 한 나무에서 채취되는 향료랍니다. 그런데 네덜란드 인들은 육두구 나무를 모두 베어 버리고 메이스 나무를 심으라는 어처구니없는 명령을 내리기도 했어요.

메이스란	육두구 나무에서 열매가 열리면 그 속에 갈색 씨를 감싸고 있는 붉은색 껍질이 보여요. 그 껍질을 말린 것이 메이스이지요.
용도	쓰임새는 육두구와 같아요.
사용되는 요리	고기 요리, 생선 요리, 피클, 감자 요리에 주로 쓰여요. 카레의 원료로도 쓰이지요.

정향

모양이 '못'처럼 생겼다고 해서 '정향丁香'이라는 이름이 붙었어요. 유일하게 꽃봉오리를 사용하는 향료로서 달콤하면서도 자극적이고 상쾌한 향을 풍기는 향료입니다. 정향은 허준이 쓴 《동의보감》에도 그 처방이 나와 있는 약재이지요.

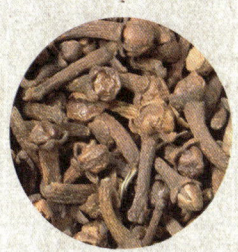

정향이란	정향나무의 꽃이 다 피어 버리면 향료로 쓸 수 없어요. 그래서 꽃이 피기 전 꽃봉오리가 1㎝ 정도 되었을 때 바로 따서 말려요. 이것을 정향이라 하지요.
용도	조미료와 비누, 향수, 머릿기름 등에 쓰이지요. 인도네시아에서는 정향을 담배의 재료로 써서 인도네시아 담배에서는 특이한 단맛이 난답니다.
사용되는 요리	수프, 소스, 빵, 피클, 고기 요리 등에 쓰여요.

2장 네덜란드 동인도 회사

많은 사람들은 동인도 회사를 '식민지 회사' 정도로 알고 있을 거야.

맞는 말이기는 해. 하지만 처음부터 식민지를 관리하려고 만든 회사는 아니었어.

'동인도'는 말 그대로 인도 대륙의 동쪽에 있는 섬들을 가리키는 말이고

동인도 회사란 영국, 네덜란드 등의 유럽 국가들이 그 섬들에서 나는 특산물을 독점 판매하기 위해 전략적으로 만든 회사를 말해.

말 그대로 돈을 벌기 위해 만들어진 회사라고.

포르투갈이 향료 제도에서 점차 세력을 잃어 갈 즈음

향료 제도

하지만 안타깝게도 이 함대가 남아프리카 동부의 마다가스카르라는 섬에 도착했을 때

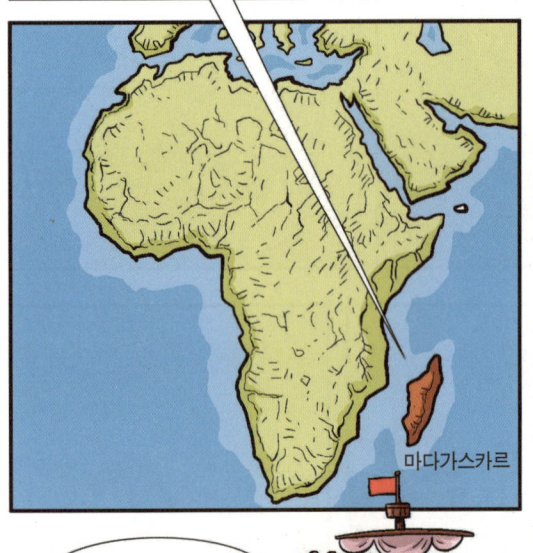

마다가스카르

마다가스카르다!

수많은 선원들이 죽어 나가 시신을 끊임없이 바닷속으로 던져야 할 정도로 항해는 어려웠어.

쌩큐~

선원들의 수는 3분의 1로 줄었지. 천신만고 끝에 함대는 드디어 향료 제도에 발을 내디뎌

향료 제도

엄청난 수익을 가져다줄 향료를 세 척의 배에 가득 싣고 2년 만에 네덜란드로 돌아갔어. 그것을 시작으로 네덜란드는 동인도 항해에 자신감을 얻었고,

* '암본'의 옛 이름.

당시 영국은 네덜란드 동인도 회사와의 전쟁으로 힘을 잃고 거의 철수한 상태였고 상인들 몇 명만 남아 있었어.

1619년 영국과 네덜란드 간의 협정으로 암본의 네덜란드 무역 사무실에는 아직 남아 있는 소상인들을 위한 작은 영국 사무소가 만들어졌어.

어느 날 네덜란드의 용병으로 고용되어 일하던 일본인 한 명이 네덜란드 군인에게 이것저것 물었어.

네덜란드는 이것을 빌미로 삼아 영국인들이 그 용병을 사주해 네덜란드에 반란을 일으키려 한다고 주장했지.

그 일본인 용병은 반란죄로 체포되어 혹독한 고문을 당했어.

자백을 강요당했고 말이야.

이 사건과 관련된 일본인들, 영국인들, 그리고 포르투갈 인 1명까지 모두 20여 명이 반란죄로 참수되었어.

영국과 네덜란드 사이의 평화 협정은 쿤의 바람대로 깨졌고,

네덜란드는 분노가 하늘을 찌를 정도로 화가 난 영국인들을 진정시키기가 어려웠어.

2장 네덜란드 동인도 회사

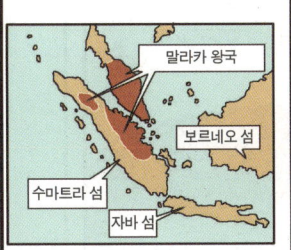

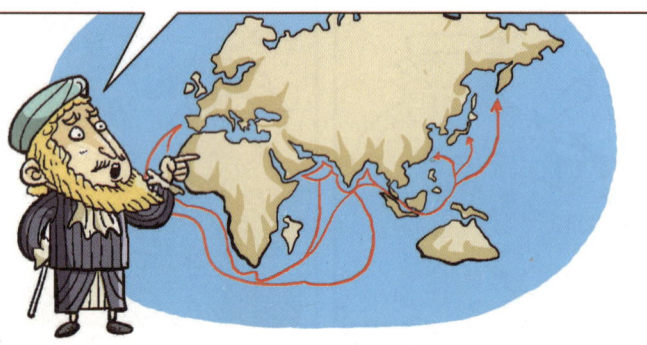

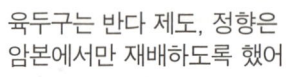

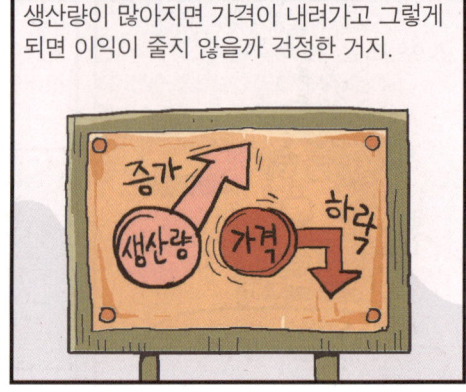

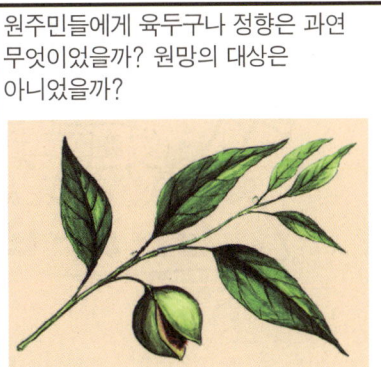

과거와 현대가 공존하는 '자카르타'

17세기, 네덜란드 동인도 회사는 초기에 말루쿠 제도의 암본에 무역 사무소를 열었어요. 하지만 암본은 너무 동쪽에 있어서 이곳을 중심으로 식민 제국을 건설하면 관리하는 일이 쉽지 않을 것이라는 사실은 너무나 분명했지요. 그래서 쿤 총독은 지리적 위치가 뛰어난 수마트라 섬과 자바 섬 사이의 순다 해협 끝자락에 도시를 건설했어요. 그 도시의 이름은 옛 네덜란드의 용감한 부족의 이름을 따서 '바타비아'라고 했지요. 말루쿠 제도에서 난 모든 향료는 바타비아로 모였고, 여기에서 동인도 회사 선박에 다시 선적되어 네덜란드의 암스테르담으로 옮겨졌어요.

바타비아라는 지명은 네덜란드가 인도네시아를 식민 통치했던 350년 동안 계속 사용되었어요. 제2차 세계 대전 중에 일본이 네덜란드를 몰아내고 인도네시아의 새로운 식민 통치자가 되기 전까지 말이에요. 일본은 바타비아를 '자야카르타'라고 부르기 시작했어요. 자야카르타는 '승리의 도시'라는 뜻을 가진 말로, 바타비아라고 부르기 이전에 불렸던 이름이지요. 도시 이름을 바꾼 것은 인도네시아에 남아 있는 네덜란드의 잔재를 없애기 위해서였어요. 그러나 제2차 세계 대전에서 일본이 항복하자, 네덜란드는 인도네시아로 다시 들어와 '자야카르타'를 다시 '바타비아'로 바꾸었어요. 이후 1949년, 네덜란드는 인도네시아 정부에 행정권 및 모든 권한을 넘겨주며 인도네시아에서 물러났어요. 인도네시아 공화국 정부는 1950년에 바타비아라는 이름을 지금의 수도인 '자카르타'로 바꾸었지요.

500년이 넘는 오랜 역사를 지니고 있는 자카르타에는 과거와 현대가 공존하고 있어요. 그 옛날 자바 해를 누비며 번성했던 항구는 현재에도 주요 수산물을 공급하고 있어요. 16세기 말, 네덜란드가 세운 바타비아의 옛 모습이 연상되는 수많은 유럽 식 건물들은 지금 대통령 궁, 관공서, 역사 기념물 등으로 이용되고 있답니다.

서울 면적보다 조금 더 큰 자카르타는 독립 이후 다른 도시에서 밀려든 인구로 아시아의 여러 도시 중에서도 규모가 큰 편이에요. 하지만 인구 밀집과 확충되지 못한 도로 사정 때문에 아침, 저녁으로 교통 정체가 극심하답니다. 또한 자카르타는 동남아시아국가연합(ASEAN)의 사무국이 있는 국제도시이지만 빈부 격차가 많이 나 화려한 시가지와 빈민가가 공존하는 곳이지요.

자카르타 시내

비록 인구 집중화, 빈부 격차, 사회, 복지 문제 등 해결해야 하는 큰 문제들이 쌓여 있지만 자카르타는 여전히 인도네시아의 정치, 경제, 사회 등 모든 분야에서 중심지 역할을 해내고 있어요. 또한 인도네시아는 자카르타를 중심으로 괄목할 만한 경제 성장을 이루고 있지요. 최근 한 경제학자가 브라질, 인도, 중국, 인도네시아의 영문 머리글자를 딴 BICIs(비시스, 즉 Brazil, India, China, Indonesia의 머리글자)를 이야기할 정도로 인도네시아는 현재 신흥 경제국으로서 주목받고 있답니다.

3장 네덜란드 동인도 회사의 인도네시아 통치

네덜란드의 무역 독주 체제 이후 동인도 회사에 제동을 거는 외부 세력은 없었어.

하지만 그렇다고 동인도 회사의 시대가 계속해서 순탄한 것만은 아니었어.

원주민들은 동인도 회사에 대항해 계속해서 반란을 일으켰고

바타비아 주변 왕국들의 도전도 간과할 수 없었거든. 17세기 자바 섬에는 두 개의 주요 왕국, 즉 서쪽에 반텐 왕국과 중동부에 마타람 왕국이 있었어.

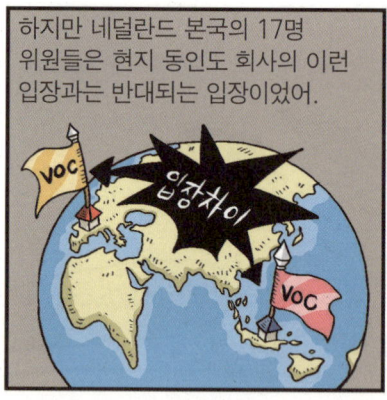

또한 동인도 회사는 자꾸만 늘어가는 새 통치 지역을 관할하기 위해 법률, 행정 등을 새로 세워 적용해야 했는데 여기에 돈이 계속 들어갔어.

한 번에 모든 것을 잘 해내면 좋았겠지만 일개 회사가 국가의 역할을 하려다 보니 수많은 시행착오를 겪게 되었지.

이 방법으로 하다가 잘 안 되면 저렇게 해 보고, 그러다 실패하면 또다시 다른 방법을 찾아보고…

그러다 보니 돈이 이중 삼중으로 들어가게 된 거야.

통치하는 데 계속 돈은 들어가는데 가난한 통치 지역으로부터 실질적으로 거둬들일 수 있는 수익은 없었으니

현지에서 벌어들이는 수익보다 지출이 더 많아지고

빚은 점점 늘어나는 상황을 맞게 된 것이지.

나중에 다시 이야기하겠지만 결국 네덜란드 동인도 회사는 얼마 지나지 않아 파산을 선언하게 돼.

1650년 이후 세계 시장에서 네덜란드의 주요 교역 상품이 바뀌었는데

이전에는 교역 상품의 대부분이 향료였다면

이제는 화약이나 성냥을 만들 때 사용되는 초석이라는 광물, 커피와 차, 면직물 등이 새로운 교역 상품으로 떠오르게 되었어.

3장 네덜란드 동인도 회사의 인도네시아 통치

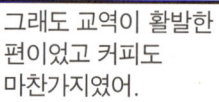
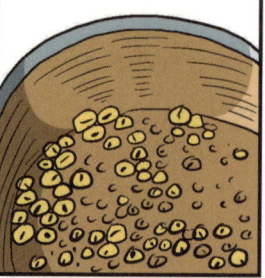

* 서양인이 자본과 기술을 제공하고 열대나 아열대 지방 원주민들의 값싼 노동력을 이용해 단일 작물을 경작하는 기업적인 농업 경영.

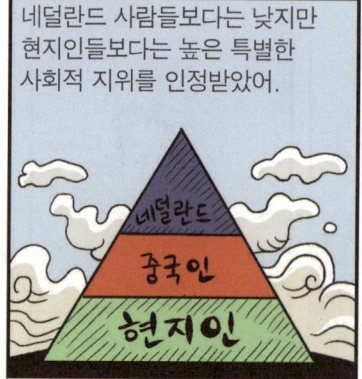

사람들은 수하르토에게 대통령직에서 물러날 것을 요구하며 시위를 벌였고 인도네시아 곳곳에서 폭동이 일어났어.

이때 가장 많은 피해를 당한 사람들이 바로 중국인들이었지.

대통령 당선과 중국인이 무슨 관계냐고?

현지인들은 대통령의 독재 정치에 대한 분노감을 자기들이 싫어하고 미워하는 중국인들에게 쏟아 낸 거야.

그때 중국계 인도네시아 인들이 몰려 살던 곳의 상가는 거의 불탔고

거리에서도 얼굴이 중국인처럼 생긴 사람들은

현지인들의 표적이 되어 피해를 입기 일쑤였어.

그래서 어떤 사람들은 집 앞에 "saya pribumi(저는 현지인입니다)"라는 글을 써 붙이기도 할 정도였어.

이것은 모두 네덜란드가 중국인을 대리인으로 내세운 간접 통치의 결과라고 할 수 있어.

오랜 식민 통치 기간에 행해진 착취와 강제 노동에 대한 현지인들의 울분이 네덜란드가 아니라 중국인을 향했던 거지.

이렇게 중국인들에 대한 분노를 쌓아 가는 동안

3장 네덜란드 동인도 회사의 인도네시아 통치

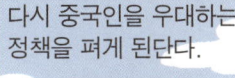

마타람의 전통을 잇는 욕야카르타

'족자카르타'라고도 불리는 욕야카르타는 마타람의 전통을 이어받아 자바 문화의 중심 역할을 해 왔어요. 고대 왕국의 역사가 잘 보존되어 있어 우리나라의 경주와 같이 역사, 문화, 관광 도시로서 전통문화를 계승 발전시켜 나가고 있지요. 고대 자바 문명의 발자취를 고스란히 엿볼 수 있는 욕야카르타의 몇 가지 유산을 알아볼까요?

보로부두르 불교 사원

보로부두르 사원은 8세기 전반에 샤일렌드라 불교 왕조 시대에 건립된 것으로 짐작돼요. 이후 힌두교를 신봉하는 마타람 왕조가 등장하자 불교는 쇠퇴의 길로 접어들어 보로부두르 사원 역시 사람들에게 잊혀졌지요. 인근의 므라피 화산이 폭발하면서 이 사원은 약 1000년간 화산재 속에 묻혀 있기도 했어요. 보로부두르 사원은 동인도 회사의 총독인 스탬퍼드 래플스에 의해 다시 발견되고 복원되었어요. 현재 이 사원은 유네스코 세계 유산으로 등재되어 있지요.

보로부두르 사원

프람바난 힌두사원

프람바난 사원은 10세기 초 마타람 왕조 시대에 건립된 것으로 여겨지는 동남아시아 최대 규모의 힌두사원이에요. 힌두교의 주요 신인 브라흐마, 시바, 비슈누를 기념하는 사원으로 시바 신이 사원의 중앙에 자리 잡고 있어요. 16세기에 일어난 화산 폭발과 지진 때문에 약 200년 동안 폐허 속에 방치되어 있었지요. 복잡한 복원 작업과 인도네시아 정부의 예산 부족으로 복원이 여러 번 중단되기도 했어요. 자바 건축의 백미로 꼽히는 프람바난 사원 또한 유네스코 세계 유산으로 등재되어 있답니다.

프람바난 사원

와양(그림자극)

'달랑'이라 불리는 이야기꾼이 양가죽으로 정교하게 만들어진 꼭두각시 인형을 움직이면서 연출하는 전통적인 그림자극이에요. 고대 인도의 대서사시인 라마야나의 내용을 바탕으로 하지만 현대의 시대적 요소를 포함해 이야기와 노래가 어우러지는 종합 예술이지요. 그림자극이 공연될 때에는 인도네시아 전통 악기인 가믈란이 연주됩니다.

가믈란

가믈란은 인도네시아의 대표적인 합주 또는 합주에 사용되는 악기들을 말해요. 주로 무용과 연극의 반주 음악으로 사용되며 약 1,000년의 역사와 전통을 자랑하지요. 가믈란은 거의 모든 종교 행사나 국가 행사에서 연주됩니다. 의식에서 가믈란의 역할은 매우 중요해서 "가믈란의 징이 울리기 전까지는 공식 행사가 아니다"라는 말이 있기도 해요.

가믈란을 연주하는 모습을 새긴 벽화

바틱

'점을 그리다'라는 뜻을 가진 바틱은 말 그대로 손으로 점을 찍어 완성시키는 의류 공예이지요. 천에 밀납을 입히고, 그림을 그리고, 색깔을 입히는 과정을 반복하면 세상에서 하나뿐인 바틱 천이 완성됩니다. 바틱은 섬세하고 화려한 문양이 특징이에요. 옷감 하나를 완성하는 데에는 보통 1개월이 걸리고 복잡한 무늬가 들어가면 수개월이 더 걸리기도 해요. 하지만 대량 생산도 되고 있어 대중들도 즐겨 입는 옷이랍니다.

바틱

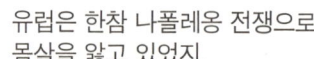

네덜란드가 다시 인도네시아로 들어와 식민 통치를 하자

인도네시아 곳곳에서 반란이 일어났어.

네덜란드는 이때마다 무력으로 반란을 진압했지만 민중의 저항은 그치지 않았지.

가장 대표적인 항쟁은 디포네고로 왕자를 중심으로 자바 주민들이 네덜란드에 대항한 전쟁인데 디포네고로 전쟁이라고 불러.

네덜란드가 다시 지배하기 시작하면서 경제 착취가 계속되었어.

이에 주민들의 불만은 높아졌고

1821년에는 대흉작, 이듬해에는 므라피 화산 폭발로 민심은 더욱 흉흉해졌지.

사회 지배 계층이었던 유럽 인들과 중국인들은 민중을 착취했고

네덜란드 통치 체계에도 여러 문제점들이 속속 나타났어.

이런 상황에서 인도네시아 역사상 가장 중요한 인물 가운데 한 사람이 등장하는데

* '우중판당'의 옛 이름.

이때 요하네스 반 덴 보스라는 사람이 이 어려운 상황을 극복할 수 있는 유일한 방법은 식민지를 더욱 쥐어짜는 것밖에 없다며 강제 경작 제도를 시행해야 한다고 주장했어.

이 주장이 힘을 얻으면서 그는 새 총독으로 부임했는데

강제 경작 제도는 열대작물을 재배해서

네덜란드가 최대한의 수익을 올리는 것에

모든 초점이 맞추어진 제도였어.

가장 큰 수익을 얻을 수 있는 작물의 종류, 재배 양, 판매 가격까지 모든 것이 '최대의 수익'을 기준으로 정해졌어.

이 제도의 효과는 매우 분명하게 나타났는데

그만큼 인도네시아 인들의 고통도 엄청난 것이었어.

식민지 정부는 자바 농민들에게 커피, 사탕수수, 담배, 차 등 유럽 시장으로 내다 팔 수 있는 작물을 심도록 강요했어.

농민들은 자기 농지의 5분의 1에는 지정된 작물을 재배해야 했고

그 수확물은 정부에서 일방적으로 정한 가격으로 팔아야 했지.

이렇게 네덜란드에 강제 합병된 아체 인들은

1945년 인도네시아가 독립한 후에도 분리 독립을 요구하며 국가 내분을 초래했어.

아체는 인도네시아 독립 후 자연스럽게 인도네시아 관할 행정 지역이 되었지만

아체로서는 그것을 인정할 수 없었어.

그래서 아체 독립군은 인도네시아 정부군에 대항해 독립 투쟁을 계속했지.

하지만 인도네시아 정부는 석유와 천연가스는 물론 석탄, 니켈, 구리 등의

지하자원을 보유해 정부 재정에 크게 기여하는 아체를 독립시켜 줄 수가 없었어.

그래서 정부군을 투입해 무력으로 수천 명의 자국민을 학살하기까지 하며 통치했지.

그러다가 2005년 인도네시아 본 정부와 평화 조약을 맺으며

아체와 정부군은 협력 체제로 들어가게 되었어.

네덜란드의 영토 팽창 전쟁 가운데 또 하나의 대표적인 사건은 발리 지역 점령 사건이야.

네덜란드 군이 발리를 점령하기 위해 수많은 병력을 이끌고 발리에 주둔해 있을 때였지.

핏빛 역사 위에 얻어 낸 아체의 자치권

분쟁 지역

인도네시아의 몇몇 지역에서는 오랫동안 분쟁이 계속되고 있어요. 대표적인 분쟁 지역은 아체, 서파푸아, 말루쿠 제도, 칼리만탄 남서부, 술라웨시 중남부 지역이지요. 이들 가운데서도 아체와 서파푸아 지역은 오랫동안 분리 독립운동을 벌여 오던 지역이며 그 외의 지역들은 종교적이거나 종족적인 갈등으로 분쟁이 일어나는 지역이에요.

아체의 분리 독립 주장

아체는 인도네시아 수마트라 섬의 가장 북쪽에 위치한 주(州)예요. 2004년에 일어난 쓰나미로 가장 많은 피해를 입은 지역이기도 하지요. 1949년 헤이그 원탁 회의를 통해 인도네시아와 네덜란드의 연방이 성립되어 인도네시아 연방 공화국이 탄생했으며, 과거 네덜란드가 통치했던 전 지역 가운데 서파푸아를 제외한 모든 영토의 통치권이 인도네시아 연방 공화국으로 넘겨졌어요. 그 결과 아체는 인도네시아에 귀속되었지요. 아체는 그 결정에 반발했고, 인도네시아로부터의 분리 독립을 주장하며 인도네시아 정부에 대항해 왔어요.

아체와 인도네시아 정부의 싸움

아체는 세계 최대의 천연가스 생산지인 데다가 인도네시아가 생산하는 석유 및 천연가스의 30%를 공급하는 지역이기 때문에 인도네시아 정부는 아체를 분리 독립시킬 수 없었어요. 이로써 정부와 아체 간의 전쟁이 시작되었지요. 1976년 하산 M. 디 티로는 독립 이슬람 국가 건설을 목표로 한 무장 독립 단체인 아체자유운동(GAM)을 세웠어요. 인도네시아 정부는 1990년부터 아체를 '특별 전투 지역'으로 지정하고 아체자유운동 지지 세력을 휩쓸어 없애기 위해 전력을 다했어요. 이 과정에서 민간인을 포함하여 1만 2000여 명의 아체 인이 희생되었어요.

아체와 인도네시아 정부의 평화 협정

평화적 타협을 위한 협상이 몇 차례 이루어졌지만 모두 결렬되었어요. 그러던 중 2004년에 일어난 쓰나미로 아체 독립운동 무장 세력들도 큰 타격을 입었지요. 결국 2005년 2월, 정부와 아체 독립운동 지지 세력은 쓰나미 피해 복구를 위해 휴전 협정을 맺었어요. 곧이어 8월에는 핀란드 헬싱키에서 양측이 평화 협정에 서명함으로써 약 30년에 걸친 전쟁은 막을 내렸어요.

특별 자치주, 아체

이 협정에 따라 아체는 아체 특별 자치주로 새롭게 출발했어요. 외무, 국방, 통화 부문을 제외한 모든 분야에서 독자적인 권한을 얻었고, 천연자원 개발 이익의 70%를 인도네시아 정부로부터 넘겨받았지요. 이슬람 국가 건설이라는 대의는 이루지 못했지만 현재 아체는 이슬람 법이 강력하게 적용되는 자치 지역으로서 인도네시아 중앙 정부의 영향력이 미치지 않는 지역이 되었답니다.

인도네시아 분쟁 지역

이중창으로 표시된 부분이 분리 독립 분쟁 지역이고 그 외는 종교적, 종족적 분쟁 성격이 큰 지역.

5장 인도네시아의 민족주의

네덜란드의 강제 경작 제도가 폐지된 19세기 후반에

네덜란드 지식인들은 네덜란드가 인도네시아로부터 빼내 온 모든 자원은

인도네시아 인들에게 진 빚이기 때문에 이제는 현지 주민들의 복지를 위한 방향으로 식민 정책을 펴야 한다고 주장했어.

복지는 주민에게!

그래서 전 인도네시아 군도에서 정복 사업을 마친 네덜란드는 새로 얻은 광범위한 영토에서 이제까지 행해 오던 강경한 탄압을 중지하고

뭐야?

더 이상의 폭력은 안 돼!

유화 정책을 펴기로 했지.

90 동인도 회사와 유럽 제국주의

이들은 식민 통치의 종식과 독립을 원했어.

하지만 서로 색깔과 성격이 너무나도 달라 연합하지는 못하고 있었어.

오히려 서로에게 적대적인 단체들도 있었지.

네덜란드는 이 단체들을 엄격히 통제했고, 조금이라도 네덜란드에 반기를 든다 싶으면

무조건 지도자를 추방해 버리는 식으로 반(反)네덜란드 운동을 철저히 탄압했어.

하지만 그러한 탄압은 결과적으로 인도네시아에 도움이 되기도 했는데

연합하지 못하고 분열되어 있던 각 단체들이 탄압을 받을수록

점점 단결하면서 식민 정부의 본질을 뚜렷이 알게 되었거든.

또 다행스럽게도 다양한 세력들을 하나로 결집해

인도네시아의 통합을 이루고자 하는 사회 지도자들이 등장했다는 거지.

그들 가운데 대표적인 인물이 바로 훗날 인도네시아 초대 대통령이 된 '수카르노'였어.

수카르노는 네덜란드가 세운 유럽 식 초, 중등학교에서 교육받은 엘리트였어.

그는 학교에서 서구의 여러 사회상을 배우고 유럽 인들과 같이 공부하면서

인도네시아 인이기 때문에 차별당해야 하는 식민지 현실에 분노했지.

수카르노는 인도네시아의 독립을 위해 살아야겠다는 인생의 분명한 목표를 세우게 되었어.

앞으로 내가 이루어야 할 일은 바로 인도네시아의 독립이다!

수카르노는 자바 섬의 청년 운동에 참여하고 신문에 글을 투고하기도 했어.

대학 시절에는 인도네시아 독립을 고민하고 연구해 보는 모임도 만들었지.

당시 여러 단체들이 반(反)식민 운동을 벌였지만 심각하게 분열되어 있던 상황에서

수카르노는 "그 무엇보다 사회 구성원의 단결이 먼저 이루어져야 독립을 얻을 수 있다"라고 소리 높여 주장했어.

이때 대두된 개념이 민족주의였지.

1927년, 수카르노는 정치적 독립을 목표로 인도네시아국민당을 창설했어.

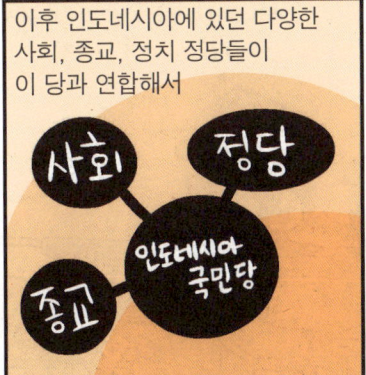
이후 인도네시아에 있던 다양한 사회, 종교, 정치 정당들이 이 당과 연합해서

인도네시아인민정치조직연합회라는 조직을 세웠는데

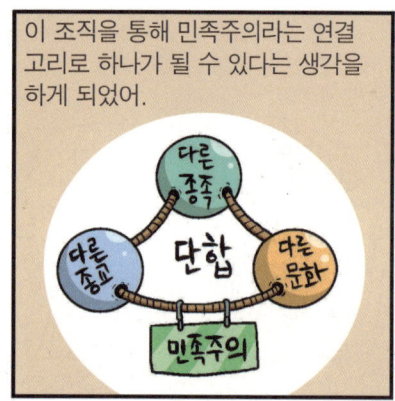

1929년에 미국이 세계 대공황을 맞자 그 여파가 전 세계로 퍼졌어.

식민지를 보유하고 있어서 상품을 파는 데 문제가 없었던 나라들은 그나마 괜찮았지만

제1차 세계 대전 이후 식민지를 모두 빼앗긴 독일이나

식민지라고는 조선이라는 작은 나라뿐이었던 일본은 실업난과 물가 폭등 등으로 어려움을 겪고 있었어.

결국 독일과 일본은 자기 민족을 위해서라면 다른 나라의 영토와 주권을 빼앗을 수 있다고 주장하며 군국주의의 길을 걷게 되지.

이때 같은 길을 가던 무솔리니의 이탈리아가 가세하여 세 나라가 삼국 동맹을 맺었어.

1931년, 대륙 진출에 욕심을 낸 일본은 중국을 식민지화하기 위해 만주를 침공했고

이 사건을 시작으로 1937년에 20세기 아시아 최대 규모의 전쟁인 중일 전쟁이 발발했어.

장기화된 전쟁에서 일본은 중국 민중의 항전 의지를 꺾지 못했고

수카르노의 비동맹 중립 외교

아시아·아프리카 회의를 개최하다

인도네시아의 수카르노 초대 대통령은 반(反)서방 노선을 고수하며 1995년 자바 섬 서부에 있는 반둥에서 제1회 아시아·아프리카 회의를 열었어요. 아시아·아프리카 회의는 두 대륙의 영문 표기인 Asia와 Africa의 머리글자를 따 'AA 회의', 또는 개최지의 이름을 따 '반둥 회의'라고도 불리지요. 두 대륙 29개국 대표들이 아시아, 아프리카 대륙이 해결해야 하는 문제를 논의하기 위해 모였어요. 개막 연설에서 수카르노 대통령은 각 국가의 대표들에게 "모든 식민주의는 타파되어야 한다"라고 주장하며 이를 위해 아시아와 아프리카가 단결해야 함을 강조했어요. 하지만 각 아시아, 아프리카 국가들 사이에는 '식민지 경험'과 '가난'을 제외하면 별다른 공통점이 없었고 제기된 문제들도 제각각이었지요. 이후 지도자들 사이에 유대가 깨지자 2차 회의는 무산되었어요. 그러나 비동맹과 중립주의, 상호 협력 등의 정신을 담은 '세계 평화 유지를 위한 반둥 10원칙'이 발표되었어요. 이는 제2차 세계 대전 이후 독립 신생 국가들이 '제3세계'라는 이름으로 국제 무대에 등장하는 계기가 되었으며, 이를 시작으로 제3세계 국가들이 국제 정치의 한 축을 담당하게 되었다는 데 의미가 있답니다.

제국주의에 반대한 수카르노

수카르노는 독립 투쟁을 통해 독립한 국가들을 '신생 국가', 그 외의 국가들을 '기존 국가'라고 부르며 양 국가들 간에 투쟁과 갈등은 계속될 것이라고 주장했어요. 그리고 기존 국가들에 의해 이루어지는 신식민주의는 신생 국가들의 단결로만 깨뜨릴 수 있다고 강조했지요.

인도네시아에서 가장 동쪽에 있는 지역이자 '이리안자야'라고도 불리는 서파푸아 섬은 1828년 네덜란드가 영유권을 선포한 이후로 네덜란드의 영향권 아래 있었어요. 하지만 제2차 세계 대전 당시 일본이 인도네시아에 들어오면서 네덜란드는 이 지역에서 물러났지요. 일본의 항복 후 네덜란드는 다시 서파푸아를 점령했어요. 인도네시아 독립 당시 네덜란드가 점령했던 모든 영토가 인

도네시아 공화국으로 이전되기로 되어 있었기에 수카르노는 서파푸아에 대한 영유권을 주장했지요. 하지만 몇 차례의 협상 결과 서파푸아의 영유권은 1962년까지 네덜란드가 유지하기로 결정되었어요. 하지만 네덜란드의 서파푸아 점령을 신식민주의로 간주한 수카르노는 1961년 1400여 명의 게릴라 부대를 투입하며 서파푸아를 침공해 네덜란드와 무력 갈등을 빚었고 결국 서파푸아를 인도네시아로 편입시켰어요. 한편 네덜란드에도, 인도네시아에도 속박되길 원하지 않았던 서파푸아는 여전히 인도네시아로부터의 분리 독립을 원하며 독립 투쟁을 이어 가고 있답니다.

수카르노

1957년에 영국 연방으로부터 독립한 말라야 연방은 1963년 당시의 말라야 연방과 보르네오 섬 북쪽 사라왁과 사바를 하나로 묶는 말레이시아 연방을 결성했어요. 당시 동남아시아에서 민족주의 기운이 팽배해지자 영국도 말레이시아 연방에 적극 찬성했지요. 그러나 수카르노 정권은 '말레이시아 연방'이 결성된 것을 영국의 신식민주의로 생각하여 '말레이시아 분쇄'라는 노선을 취했어요. 이후 1965년, 수카르노 정권은 말레이시아가 국제연합 안전 보장 이사회에서 비상임 이사국으로 당선되자 이것을 문제 삼았어요. 그 결과 국제연합 사무 총장에게 인도네시아의 국제연합 탈퇴를 통고하기도 했지요.

6장 일본 제국주의와 인도네시아의 독립

피 한 방울 흘리지 않고 네덜란드로부터 인도네시아를 넘겨받은 일본의 가장 큰 과제는 뭐였을까?

이제부터는 뭘 해야 할까?

두말할 것도 없이 전쟁에서의 승리였지!

일본이 태평양 전쟁에서 승리하기 위해서는 막대한 물자와 인적 자원이 필요했어.

그렇기 때문에 인도네시아 통치는 그 어느 때보다 가혹하고 강압적으로 행해졌지.

사람도 아냐!

가혹하고 강압적인 방법이란 어떤 거냐고?

* 산스크리트 어로 '판차'는 '다섯'을, '실라'는 '이념'을 뜻한다. 다섯 가지 기본 국가 이념은 유일신에 대한 믿음, 공정한 인본주의, 인도네시아의 통일을 위한 민족주의, 대중의 합의를 바탕으로 한 민주주의, 인도네시아 국민에 대한 사회 정의이다.

일본이 이 선언을 묵살해 버리자 8월 6일, 원자폭탄이 히로시마에 투하되었어.

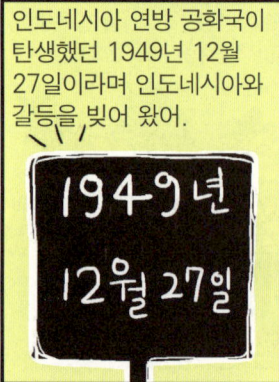

태평양 전쟁과 일본

아이구, 머리 아파! 글을 읽다 보니 태평양 전쟁, 제2차 세계 대전 등이 나오던데, 도무지 이해가 안 가요. 대체 태평양 전쟁이 뭐죠? 제2차 세계 대전과는 다른 전쟁인가요?

제2차 세계 대전이 시작된 곳은 유럽이고 태평양 전쟁은 말 그대로 태평양 지역에서 벌어진 전쟁이야. 이 두 전쟁을 각각 다른 이유로 일어난 전쟁이라고 생각하는 사람들이 많지. 하지만 간단히 말해, 태평양 전쟁은 제2차 세계 대전의 일부란다. 제2차 세계 대전은 1939년, 독일의 히틀러가 폴란드를 침공하자 폴란드의 군사 동맹국이었던 영국과 프랑스가 독일에 선전 포고하면서 시작되어 1945년 일본의 항복으로 끝난 전쟁이야. 이 기간 중에 일어난 태평양 전쟁은 일본이 미국의 진주만을 공격한 때부터 일본에 원자폭탄이 떨어져 일본이 완전히 항복한 때까지 일어난 전쟁이지. 진주만 공격을 계기로 미국이 연합군으로 참전하게 되면서 제2차 세계 대전은 전 세계로 확대되었어.

그런데 일본은 왜 갑자기 진주만을 습격한 거죠? 이유 없이 그냥 공격하지는 않았을 거 아녜요? 두 나라 사이에 대체 무슨 일이 있었지요?

음……. 그걸 이야기하려면 좀 더 시간을 거슬러 올라가야겠구나. 먼저 일본 이야기부터 해 볼까? 아시아에서 유일하게 근대화에 성공해 부강해진 일본은 관동 대지진과 미국에서 시작된 세계 대공황으로 큰 혼란에 빠졌단다. 이때 일본은 자신을 위해 다른 나라를 희생시켜서라도 다시 일어나야 한다고 생각해 군국주의를 택하게 되지. 중국의 만주 점령을 시작으로 일본은 중일 전쟁을 일으킨단다. 1200만

명이나 되는 수많은 중국인들이 일본에 의해 학살되었지만 중국 민중은 일본에 끈질기게 저항했어. 전쟁은 길어졌고, 일본의 전쟁 물자는 점점 부족해졌지. 이제 일본은 어디에선가 전쟁에 필요한 자원을 구해야만 했어. 일본이 대동아 공영권을 내세우며 동남아시아 국가들을 점령하게 된 이유가 바로 이것이었지.

당시 중국과 우호적 관계를 맺고 있던 미국은 중일 전쟁 이후 계속 중국에서 일본이 물러날 것을 요구해 왔어. 1940년 일본은 독일, 이탈리아와 삼국 동맹을 맺으며 태평양 지역을 정복하기 위한 전쟁에 나섰단다. 1941년 미국은 이를 저지하기 위해서 미국에서 일본으로 석유와 철광을 수출하는 것을 금지시키며 일본을 압박했지. 그러자 일본이 미국 하와이 주의 오아후 섬에 있는 진주만을 공격한 거야. 이후 미국도 연합군으로 참전해 일본, 독일, 이탈리아에 대항하게 되었어.

일본과 미국의 전쟁에서 처음에는 일본이 계속 승리했다고 하던데, 어떻게 전쟁의 형세가 뒤집힌 거죠? 그리고 일본은 어떤 계기로 결국 항복하게 되었나요?

물론 태평양 전쟁 초기에는 일본이 승리를 거듭했지. 하지만 1942년부터는 전쟁의 형세가 미국으로 기울어지기 시작했어. 1943년 미군 항공기가 일본 본토에 폭격을 퍼부었을 때에도 일본은 꿈쩍도 안 했어. 그러나 1945년 8월, 히로시마와 나가사키에 원자폭탄이 떨어져 도시가 폐허가 되고 수많은 사람들이 방사능에 노출되어 죽어 가자 일본은 '무조건 항복'을 선언하게 된단다. 제2차 세계 대전은 이렇게 막을 내렸지.

7장 영국 동인도 회사와 인도

인도는 200여 년에 걸쳐 영국의 식민 지배를 받았어.

영국은 수많은 식민지를 가진 제국주의 국가였지. 제국주의 국가로서 대영 제국이 누렸던 영광은 엄청난 것이었어.

그리고 그 영광의 한가운데 바로 인도가 있었어.

유럽 열강들 사이에서 패권 다툼을 하던 영국이 세계 흐름을 좌우하는 국가로 우뚝 서고,

산업 혁명을 통한 자본주의에 기반하여 제국주의 국가를 이루는 데 인도는 큰 역할을 했지.

다른 말로 하면 인도를 착취함으로써 영국의 영광을 이루었다고도 할 수 있어.

인도가 얼마나 중요한 식민지였는지 1900년에 인도 총독이었던 커즌 경이 다음과 같이 말할 정도였지.

우리는 식민지 전부를 잃고도 살아남을 수 있을 것이다. 하지만 인도를 잃는다면 영국은 더 이상 해가 지지 않는 나라가 아니다.

그런데 영국과 인도의 인연이 어떻게 시작되었는지 궁금하지 않니?

영국이 처음부터 인도를 식민 지배하려고 치밀한 계획을 세워 접근했던 걸까?

7장 영국 동인도 회사와 인도

16세기 말, 유럽 인들은 당시 금보다 더 많은 가치를 지녔던 향료를 찾아 동인도로 항해를 떠났어.

그중 네덜란드 상인들이 말루쿠 제도에서 얻은 향료를 말라카 해협을 지나 유럽에 가져감으로써 막대한 수익을 올리고 있었지.

이 동인도로 가는 길목에 있는 인도를 적절히 활용하는 것이 바로 해결책이었어.

먼저 영국의 주석과 철을 인도에 판매하여 얻은 수익으로 품질 좋기로 소문난 인도의 면직물을 사는 거야.

그것을 다시 동인도나 영국에서 팔아 그렇게 번 돈으로 향료를 사기로 한 것이지.

이런 무역 형태를 삼각 무역이라고 해. 이 삼각 무역을 통해 영국과 인도의 인연이 시작된 거야.

주석, 철 구입 → 면직물 구입 → 향료 구입 → (판매)

영국에서 산업 혁명이 일어나기 전까지 인도의 면직물은 멀리 아라비아, 아프리카, 그리고 신대륙에까지 이미 수출되고 있을 정도로 그 품질이 단연 세계 최고였어.

그런데 유럽 시장에는 아직 인도산 면이 소개되고 있지 않았는데

동인도 회사의 삼각 무역을 통해 캘리코*라는 이름의 인도산 면이 드디어 영국에 들어오게 된 거야.

*가로로 짠 올이 촘촘하고 색깔이 흰 무명베. 시트나 옷 따위를 만드는 재료로 쓴다.

그래서 전투가 어떻게 되었냐고? 3000명밖에 되지 않았던 영국 군대는 프랑스 동인도 회사 등 연합군으로 구성된 5만의 벵골 군대를 물리치고 승리를 거두었어.

전투는 아침에 시작되어 하루가 가기 전에 끝나 버렸지.

물론 영국 동인도 회사군의 용맹과 전투력 덕분이기도 했지만

승리할 수 있었던 결정적인 이유는

돌격!
승리

웃다울라의 자리를 탐내고 있던 미르 자파르를 비롯한 신하들이 영국에 이미 매수되었기 때문이야.

말만 잘 들으면 저건 너희 자리다!

미르 자파르가 이끄는 벵골 군은 영국과 싸울 마음이 없었고 그런 전투에서 영국이 승리한 것은 당연한 결과였던 거지.

우린 구경이나 하고 떡이나 먹자!

영국이 인도에 온 지 150년 만에 일어난 플라시 전투는

플라시 전투

영국령 인도의 역사에 획기적인 사건이 되었어.

플라시 전투
역사

이 전투 결과 영국은 경쟁 세력인 프랑스를 인도에서 완전히 쫓아낼 수 있었거든.

그리고 이전에는 평화적으로 무역 활동만 하던 동인도 회사가
무역만 하는 건 재미없네!

이젠 벵골의 영토와 행정에도 관여함으로써 전 인도를 지배하기 위한 발판을 마련하게 된 거야.

그래서 어떤 학자들은 영국의 인도 통치가 플라시 전투를 기점으로 시작되었다고 말하기도 해.

다시 이야기로 돌아오면,

영국의 꼭두각시가 되어 태수의 자리에 오른 미르 자파르는 때늦은 후회를 했어. 동인도 회사는 자신의 영토에 성을 세우고 군대를 주둔시키면서

세금도 안 내는 데다가 가면 갈수록 더 심하게 간섭해 댔거든.

내부의 적은 경계하면서도,

바깥의 적에 대해서는 경계를 늦춘 것을 후회해 봤자 이미 엎지른 물인 걸.

이후 새로운 지도자 미르 카심이 벵골을 다시 찾으려 했어.

그것이 바로 1764년에 일어난 북사르 전투지.

미르 카심은 지금의 비하르 주의 북사르에서 아우드 지역과 연합해 영국에 대항했지만

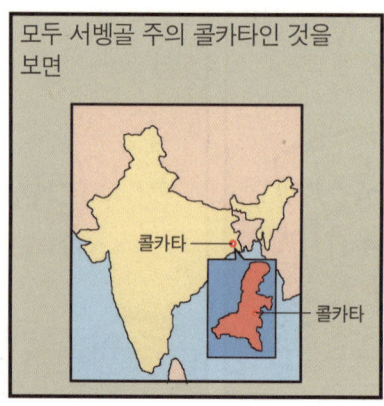

영국은 수차례 전쟁을 벌여 1799년에는 남부에 세력을 형성하고 있던 마이소르 왕국을, 1818년에는 무굴 제국의 후예를 자처할 정도로 강성하던 중부 지방의 마라타 왕국을,

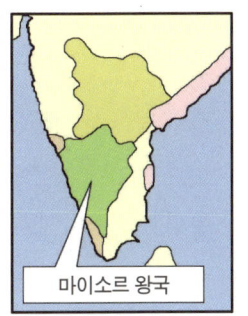
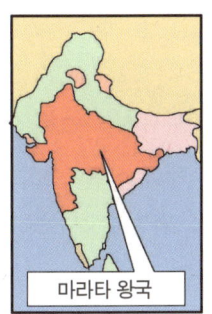

인도의 역사

세계 7위의 영토에 세계 2위의 인구를 자랑하는 인도는 남부 아시아 히말라야 산맥 남쪽에 있으며 다양한 인종, 언어, 종교, 문화가 공존하고 있는 나라예요. 또한 5000년 이상의 유구한 역사를 자랑하지요. 길고 긴 인도의 역사 가운데 몇 가지만 함께 살펴볼까요?

인더스 문명과 아리아 인

기원전 2,500년경부터 약 1000년간 세계 4대 문명 가운데 하나인 인더스 문명이 번성했어요. 인더스 문명이 멸망한 후에는 페르시아 지역에 살던 인도-이란 계통의 아리아 인이 인도를 침범해 왔지요. 이때 오늘날 인도의 종교, 사회, 관습에 큰 영향을 미치는 베다 문화가 나타났어요. 이 시대에 만들어진 것이 바로 인도의 신분 계급 제도인 '카스트'이지요.

인도의 통일 왕조

인도는 수천 년의 역사를 가지고 있지만 그 역사에서 실제로 통일 왕국이라 부를 수 있는 왕조는 세 왕조에 불과해요. 우선 인도 남부를 제외한 인도 전 지역을 최초로 통일한 마우리아 왕조가 있습니다. 또한 브라만교를 바탕으로 힌두문화를 부활시키면서 북인도 지역을 통일한 굽타 왕조가 있어요. 마지막 통일 왕조는 오늘날의 인도 북부와 파키스탄, 아프가니스탄에 이르는 지역을 지배했으며 문화, 무역, 수공업 등의 발전으로 17세기 유럽 세력이 인도에 오기 전까지 세계에서 가장 부강한 나라였던 무굴 제국이지요.

서구 세력의 상륙과 무굴 제국의 쇠퇴

무굴 제국 시기에 포르투갈, 영국, 프랑스와 같은 여러 유럽 열강들이 인도로 침입해 왔어요. 그중 영국은 캘리코 무역으로 인도에서의 무역 활동을 시작했지요. 영국의 동인도 회사는 인도 전역에 무역 사무소를 설치하며 무굴 제국에서의 영향권을 확대해 갔어요.

영국은 무굴 제국에서 포르투갈을 물리쳤고, 1757년 플라시 전투에서 프랑스 군대와 겨루어 이겼어요. 이로써 영국은 인도 무역을 독점하면서 인도 지배를 위한 기반을 마련했답니다.

무굴 제국의 제6대 군주인 아우랑제브 황제는 무굴 제국을 이슬람 제국으로 만들고자 이슬람을 믿지 않는 힌두교도들을 억압하기 시작했어요. 이

무굴 제국의 황제 샤자한이 세운 타지마할

때부터 무굴 제국의 분열과 쇠퇴가 시작되었지요. 그러던 중 마지막 황제 바하두르 샤 자파르가 세포이 항쟁의 지도자로 추대됩니다. 세포이 항쟁에서 승리한 영국이 이를 계기로 마지막 황제를 폐위시킴으로써 무굴 제국은 멸망하고 말았어요.

인도의 독립

플라시 전투에서 승리한 이후 영국은 사실상 벵골의 지배자가 되었어요. 그 후 영국은 19세기 중엽에 이르러 인도를 완전히 지배하게 되지요. 인도인들은 간디의 비폭력·불복종 운동을 중심으로 영국에 대항하는 투쟁을 해 나갔어요. 제2차 세계 대전 후 영국은 인도의 독립을 약속했어요. 반영 투쟁을 주도하던 인도국민회의와 전인도이슬람연맹이 합의에 실패함으로써 인도는 파키스탄과 분리된 채 1947년 8월 15일 영국 연방 자치령으로 독립해, 오늘에 이르고 있습니다.

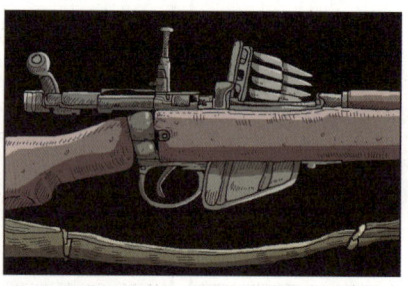

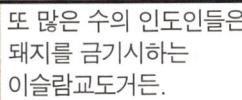

이런 이유로 다양한 사회 계층이 때마침 일어난 세포이들의 항쟁에 합세하여

이 항쟁은 대규모 반영 항쟁으로 발전되었어.

세포이들은 무굴 제국의 수도 델리에 있는 무굴의 마지막 황제 바하두르 샤 자파르를 찾아갔어.

영국에게 통치권을 빼앗긴 황제에게 세포이들은 무굴 제국을 다시 일으켜 세우자며

이 항쟁의 지도자가 되어 달라고 간청했지.

여든을 훨씬 넘긴 늙고 힘없는 황제는 내키지 않았지만 그렇게 하자고 했어.

여러 지역의 세포이들이 연합해 영국에 대항했고 세포이 세력은 영국 군을 크게 위협해 승리할 것처럼 보이기도 했어.

벵골을 지배하기 시작한 후 약 100년간 전쟁에 승리하며 제국을 확장해 가던 영국은 세포이들의 항쟁에 큰 충격을 받았어.

그래서 본국에 요청해서 엄청난 군대를 지원받아 무력으로 강력 대응했지.

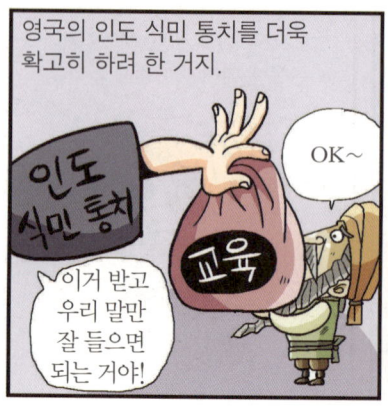

이렇게 해서 1885년에 탄생된 단체가 바로 인도국민회의였어.

영국은 후일 이 단체가 반영 투쟁의 중심이 될 수 있다고 예상하기는 했지만

당시로서는 폭동을 막는 것 말고 다른 걸 생각할 겨를이 없었어.

20세기에 접어들면서 인도인들의 저항은 본격화되었어.

인도 총독이었던 조지 커즌은 인도인들이 내부 분열로 하나가 되지 못하게 하려고
내부 분열!
오호~ 좋은 방법!

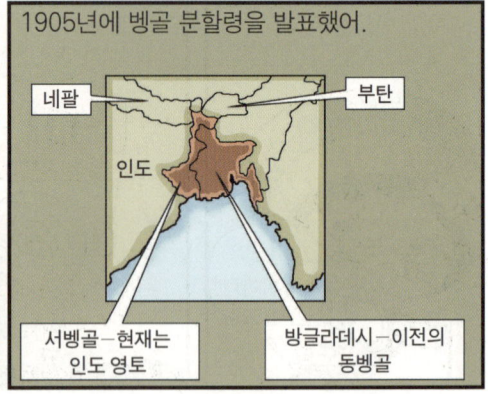
1905년에 벵골 분할령을 발표했어.
네팔 / 부탄 / 인도
서벵골-현재는 인도 영토
방글라데시-이전의 동벵골

영국은 행정 통치를 좀 더 능률적으로 하기 위해서라고 했지만
왜 나라를 쪼개는 거요?
쪼개다니?
통치를 쉽게 하려고 그러지!

이 분할령을 발표한 목적은
감히 영국에게 반기를 들어!

반영 기운이 높은 벵골 지역을 힌두교도가 많은 서쪽과 이슬람교도가 많은 동쪽으로 분리시켜 민족을 분열시키려 한 것이었어.

다시 말해 종교를 민족 분열에 이용하고자 한 거지.

이 발표가 나자마자 인도인들은 강하게 반대하며 저항했고,
반항하는 자! 발포하겠다!

저항 운동은 벵골을 중심으로 펀자브, 봄베이, 남인도에까지 이어졌어.

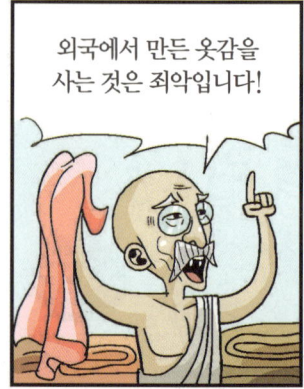

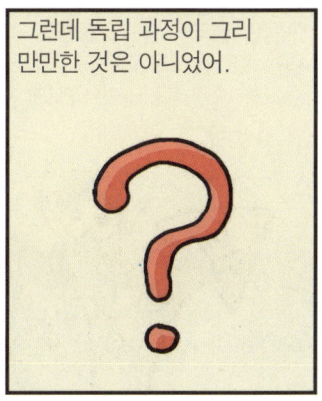

영국에서 독립한 뒤 인도는 사회, 경제 발전을 위해 크게 노력했지.

한때는 대외적으로 여러 나라의 원조를 받기도 했지만 이제는 원조를 하는 나라가 되었고

초대 총리가 된 네루는 제2차 세계 대전 이후 미국과 소련으로 대표되는 냉전 체제에서

어느 진영에도 가담하지 않는 비동맹 중립 노선을 추구해

국제 사회에서 제3세계의 위상을 높이는 데 크게 기여하기도 했어.

또한 국가의 목표를 인재 양성에 두고 교육 발전에 투자해 현재 인도는 세계적 수준의 IT 인재들을 길러 내는 IT 강국으로 발전했어.

수백 년간의 식민 지배로 얼룩진 역사적 아픔을 딛고 꾸준히 전진하는 인도. 앞으로 어떤 발전을 해 나갈지 더욱 기대가 돼.

인도의 지도자 간디와 네루

마하트마 간디(1869-1948)

인도 건국의 아버지로 불리는 간디는 영국에서 법률 공부를 한 뒤 변호사 자격을 얻어 남아프리카에서 변호사 활동을 했어요. 그곳에서 간디는 인도인을 차별하는 모습에 충격을 받았지요. 1915년 인도로 돌아온 이후, 간디는 인도국민회의 지도자로서 영국에 대항해 비폭력·불복종 운동을 해 나갔습니다.

간디의 소금 행진

당시 영국은 인도인이 소금을 생산, 판매하는 것을 금지하면서 모든 소금은 영국 정부에서만 팔 수 있도록 했어요. 또 소금에 과다한 세금을 물려 이로 인해 많은 인도인들이 큰 고통을 겪었지요. 간디는 "인도인은 영국 법에 복종하지 않으며 자신들의 소금을 직접 생산할 수 있다"라는 것을 보여 주고자 했습니다.

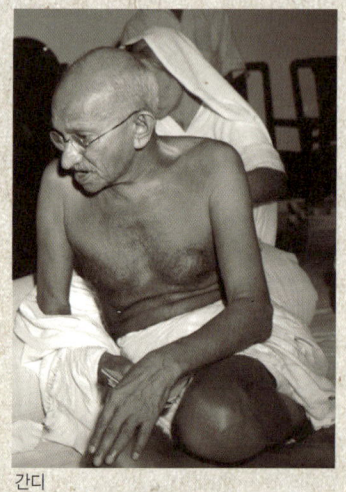

간디

1930년 4월 5일, 간디는 자신을 따르는 70여 명의 사람들과 함께 아마다바드에서 출발하여 구자라트 주의 단디 해안으로 향했어요. 행진하는 동안, 단디 해안으로 향하는 행렬은 점점 길어졌고 목적지에 도착했을 때는 수천 명의 사람들이 간디와 함께하고 있었지요. 드디어 단디 해안에 도착한 간디는 염전 바닥에서 소금을 집어들었습니다. 영국의 법을 어긴 죄로 간디를 포함한 6만 명이 감옥에 갇혔지만 이 사건을 계기로 얼마 뒤 소금세는 폐지되었지요. 소금 행진은 인도인의 조세 저항이자 비폭력 저항 운동이었으며 의미 있는 시민 불복종 운동 가운데 하나로 기억되고 있답니다.

자와할랄 네루(1889~1964)

1947년 8월 15일, 인도가 파키스탄과 분리, 독립하면서 네루는 인도의 초대 총리 겸 외무 장관을 지냈어요. 독립 이후 네루는 아시아의 다른 국가들과 연합하여 미국과 소련 어느 진영에도 가담하지 않는 비동맹 중립 노선을 천명하여 국제 사회에서 제3세계의 위상을 높이는 데 기여했지요.

네루가 인도에 남긴 네 가지 유산

인도 공화국의 초대 수상이었던 네루는 네 가지 유산을 남겼어요. 첫째는 민주주의이지요. 네루는 민주주의 원칙을 존중하며 이 원칙이 인도에 뿌리내리도록 했어요. 둘째는 세속주의이지요. 네루 자신은 종교에 얽매이지 않는 세속주의자였어요. 파키스탄과 인도가 분리되기 전 힌두교도와 이슬람교도 간의 경쟁과 다툼 속에서 네루는 세속주의를 주장함으로써 인도가 힌두교인만의 나라가 아니라는 것을 분명히 했어요. 셋째는 사회주의 경제 체제이지요. 네루는 사회주의자가 아니었지만 민주주의 정치 체제에 사회주의 경제 체제를 혼합하는 독특한 사회주의 체제를 구축했어요. 인도 국내의

네루

성장을 지향하는 전략을 쓰면서 자급자족 경제를 강조했지요. 하지만 이 정책은 실패로 끝났어요. 넷째는 비동맹 중립주의이지요. 네루의 외교 정책은 반식민주의, 비동맹 중립 외교였어요. 이로써 네루의 국제적 명성은 높아졌지만 이런 전략은 인도인들에게 아무런 혜택도 가져다주지 못했습니다.

당시 유럽 국가들은 발달된 항해술을 통해 해외로 자신들의 영토를 확장하고자 했어.

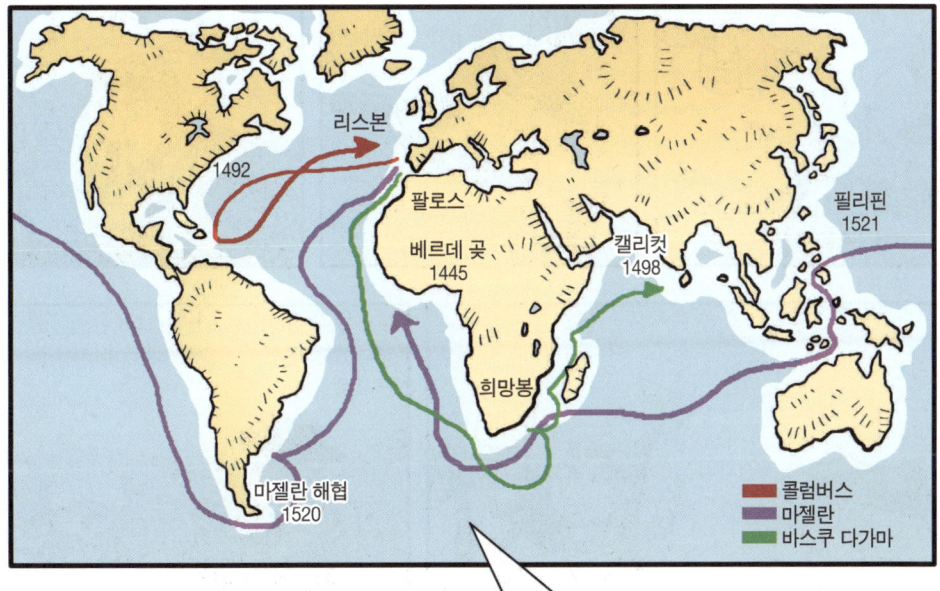

1492년, 콜럼버스가 대서양 서쪽을 향해 나아가 아메리카 대륙을 발견하고, 바스쿠 다가마가 희망봉을 돌아 인도에 이르는 인도 항로를 개척하자 새로운 시장을 확보하고자 하는 유럽 국가들의 열망은 더 강해졌어.

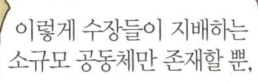

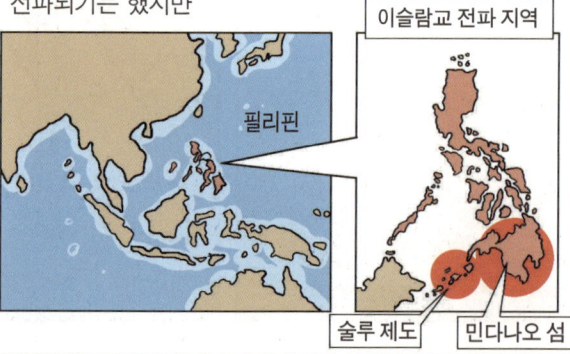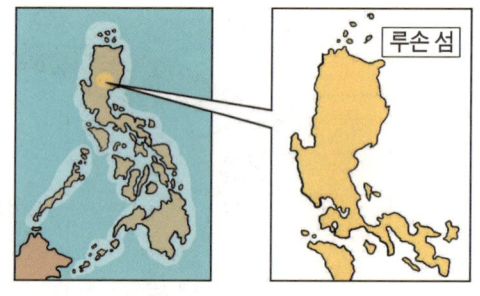

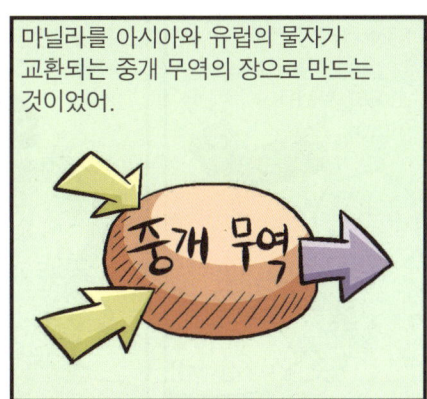

필리핀 인들은 땅을 빼앗겼을 뿐만 아니라 가톨릭이 무리하게 교세를 확장해 가는 과정에서 무거운 세금과 고된 강제 노역으로 지쳐 갔어.

필리핀의 사회 지도층은 자녀들이 식민 지배 아래서 어차피 고위 관리직에 오르지 못할 바에야 권력의 중심에 있는 성직자가 되는 게 낫다고 생각했어.

그런데 필리핀 인들이 사제가 되려고 하자 기득권자인 에스파냐 성직자들은 강하게 반발했고

수많은 제약 사항을 만들어 필리핀 인들이 사제가 되는 길을 막았지.

이러한 차별 대우에 필리핀 인들은 분노했지만

거꾸로 이러한 차별 때문에 필리핀 인들의 민족의식이 깨어나기도 했어.

과중한 세금과 노역, 그리고 차별 때문에 필리핀 인들의 에스파냐에 대한 감정은 더 나빠지고 있었어.

이러한 감정이 수차례 반란들로 폭발하긴 했지만

결집되지 못한 채 일어난 반란은 금세 진압되곤 했어.

그런데 19세기에 들어 여러 가지 국내외 환경이 변화되면서

필리핀 인들의 민족의식이 싹을 틔우게 돼. 약 250년간 지속되어 오던 갈레온 무역이 19세기 초에 종료되며

9장 필리핀과 에스파냐 제국주의

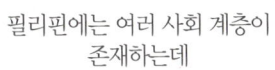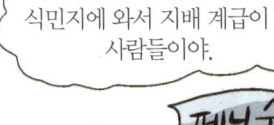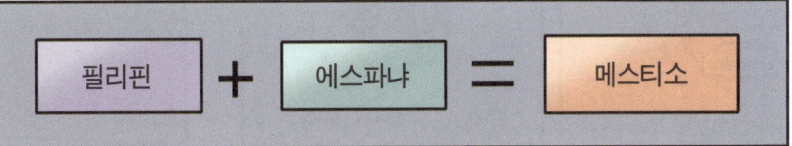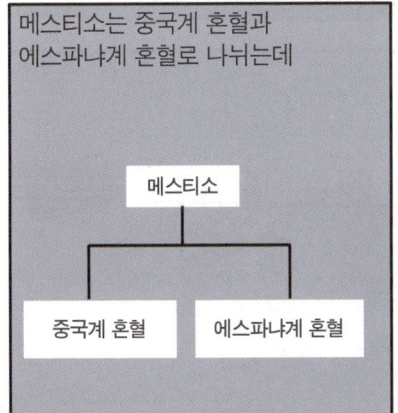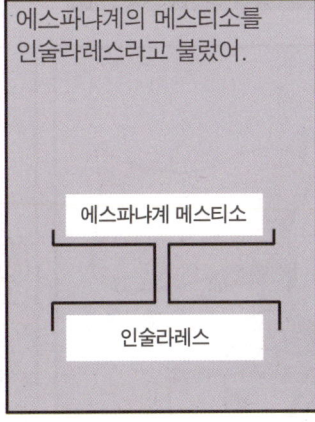

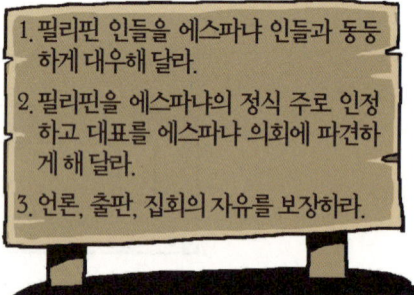

필리핀의 문화와 종교

필리핀의 문화적 정체성은 어디에서부터 시작되었을까요?

에스파냐가 필리핀에 발을 내딛기 전, 필리핀에는 말레이 인, 인도인, 중국인 등이 거주하고 있었어요. 중세 이전 필리핀 사회는 종교, 언어, 예술 등에서 이들의 영향을 많이 받았어요.

16세기 중반부터 약 4세기에 걸쳐 필리핀을 지배한 에스파냐는 필리핀에 에스파냐 문화를 전했어요. 특히 에스파냐는 가톨릭 문화를 남겼는데 가톨릭은 수많은 섬으로 이루어진 필리핀을 하나로 묶는 중요한 역할을 하기도 했답니다.

19세기 후반에 필리핀에 들어온 미국은 약 40여 년 동안 필리핀을 지배하면서 개신교를 전파했어요. 이 기간 동안 실용주의적이며 독립적·자유주의적인 성격의 문화가 필리핀 사회 전반에 퍼졌지요. 미국은 필리핀의 정치 체제, 공동체 문화, 대중 교육 등에서 많은 영향을 끼쳤어요. 이때부터 미국이 영어를 교육시키고 영어 사용을 적극 장려하면서 영어는 현재 타갈로그 어와 함께 필리핀의 공용어가 되었습니다.

제2차 세계 대전 당시 필리핀을 점령한 일본은 기술과 자본을 바탕으로 경제 분야에 영향을 미쳤어요. 일본의 상거래 문화가 현재 필리핀 생활 문화의 한 부분이 되기도 했지요. 이처럼 필리핀은 여러 민족의 문화적 요소들을 모두 포용하여 자신들 특유의 문화로 정착시켰어요. 이렇게 동양과 서양의 문화를 모두 흡수한 필리핀 인들을 '동양 속의 서양인'이라 부르기도 한답니다.

필리핀 인의 삶과 가톨릭의 관계

 에스파냐가 들어오기 전, 동남아시아의 다른 국가들과 마찬가지로 필리핀에도 애니미즘, 즉 자연의 모든 사물에는 영혼이 깃들어 있으며 여러 자연 현상도 영적인 존재의 작용으로 보는 원시 신앙이 있었어요. 그러나 이슬람교가 전해지고 에스파냐의 식민 지배로 가톨릭이 전파되자 필리핀에는 큰 변화가 일어났어요. 그 결과 오늘날 필리핀에는 크게 세 가지 종교 문화권이 형성되었지요. 첫째는 대부분의 지역에서 발견되는 기독교(가톨릭, 개신교, 토착 기독교 교회 등)이고, 둘째는 필리핀의 남쪽 민다나오 섬에서 발견되는 이슬람이며, 마지막으로는 북부 내륙 고지대 주민들이 여전히 믿고 있는 애니미즘이에요.

 필리핀은 국민의 대다수가 가톨릭을 믿는 세계 최대의 가톨릭 국가예요. 가톨릭이 필리핀 인의 삶에서 어떤 역할을 하는지는 주요 연중행사가 필리핀 가톨릭 교회력을 중심으로 치러지는 것을 보면 알 수 있지요. 주요 연중행사로는 크리스마스, 사순절, 부활절, 성모 마리아제, 각 마을이 믿는 수호성인을 기념하는 축제, 성인들을 위로하는 위령제 등 다양해요. 이 중 부활절 기간이 되면 전국은 며칠 동안 휴일이 되어요. 부활절 행사를 위해 학교, 공공 기관은 물론 모든 쇼핑 센터도 문을 닫지요.

 하지만 도시에 사는 대부분의 가톨릭교도도 다양한 각자의 신앙 요법을 가지고 있으며 무당, 초자연적 부적에 의존하는 경향이 많아요. 이 때문에 필리핀의 가톨릭은 정통 가톨릭과는 그 모습이 많이 다르다고 할 수 있답니다.

1596년 세워진 필리핀 최초의 바클라욘 성당

10장 미국 제국주의와 필리핀의 저항

카티푼난의 혁명이 시작되기 바로 1년 전인 1895년,

에스파냐의 또 다른 식민지 쿠바에서도 에스파냐에 저항하는 혁명이 일어났지.

그런데 에스파냐가 혁명을 진압하는 과정에서

쿠바의 무고한 시민들이 배고픔과 질병으로 집단 수용소에서 죽어 갔어.

에스파냐가 비인간적으로 혁명을 진압했다는 소식은 이웃 국가 미국의 언론에 연일 머리기사로 실렸고,

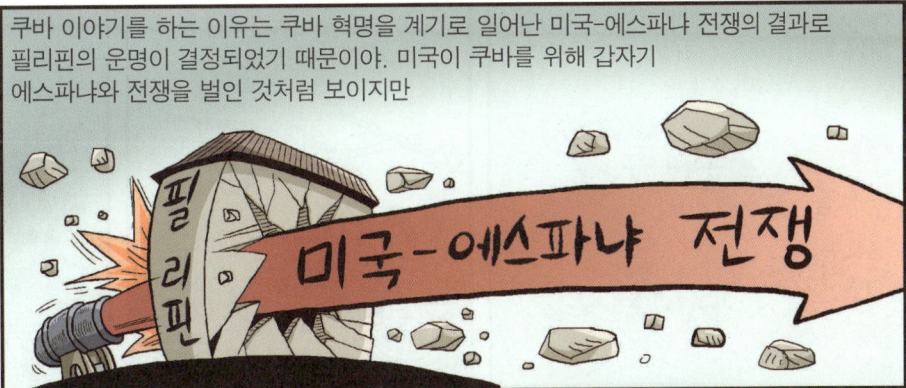

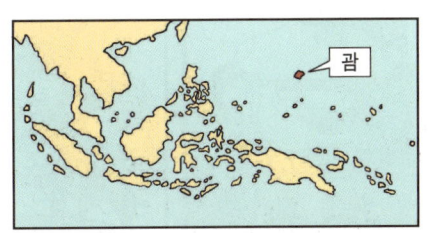

대외적으로 필리핀을 통해 새로운 국제 리더로서의 미국의 역량을 과시하고 싶어 했지.

뒤늦게 제국주의 대열에 합류한 미국으로서는

자신이 기존 제국주의 국가들과 다르다는 것을 보여 줄 필요가 있었던 거야.

그래서 미국은 필리핀 인들에게 민주주의와 자치 행정을 제대로 훈련시켜

필리핀을 자유 민주주의 국가로 재탄생시킨다는 계획을 세웠어.

그렇게 해서 필리핀을 아시아 대륙에서 식민 지배로 고통 받는 사람들에게 희망을 주는 국가로 만들겠다는 포부를 가졌던 거야.

동기가 참 숭고한 것 같지?

하지만 미국은 근본적으로 필리핀 인들을 미국 없이는

아무것도 이루어 낼 수 없는 열등한 존재로 여기고 있었기에

필리핀의 주권을 침해하면서까지 자신들의 목표를 이루려고 했지.

미국 통치 기간 중 자치 정부 수립을 준비하는 필리핀 하원이 구성됨으로써 정치는 발전했어.

또한 무상 교육의 도입, 주민들의 복지 증진 사업, 공공건물을 비롯한 항만, 도로의 건설 등과 같은 정책이 필리핀에 어느 정도 발전을 가져다준 것은 부인할 수 없는 사실일 거야.

하지만 역사란 사건과 또 다른 사건이 꼬리를 무는 법이지.

이 시기에 다른 많은 나라에서처럼 미국의 기업들도 연달아 도산했고,

노동자의 4분의 1이 직장을 잃고 길거리로 내몰렸어.

그런데 미국 경제가 더욱 어려울 수밖에 없던 이유는

필리핀과의 자유 무역 체결로 인해 무관세로 유입되는 엄청난 양의 농산물과 값싼 필리핀 노동력 때문이었어.

미국 농민들과 노동자들의 불만은 점점 더 높아져 폭발해 버렸어.

고민하고 갈등하던 미국은 마침내 엄청난 결정을 내리게 되지.

그들의 불만을 해결할 방법, 그것은 바로 문제의 원인인 필리핀을 독립시켜 버리는 것이었어.

독립을 간청하고 목숨을 걸고 독립운동을 해도 묵살되었던 필리핀의 독립은 이렇게 결정되었어.

아무튼 이로 인해 10년 뒤 필리핀의 독립을 허용하겠다는 내용의 타이딩스-맥더피 법안이 제정되었어.

1935년에는 케존 대통령과 오스메냐 부통령을 축으로 독립 과도 정부가 세워져 필리핀은 독립을 준비하게 되지.

동남아시아 국가들을 신속하게 정복하고 싶어 했지. 특히 네덜란드의 통치를 받던 네덜란드령 동인도*에 있는 석유를 탐냈어.

* 지금의 '인도네시아'.

그러려면 태평양 초입에 있는 필리핀을 우선 점령해야 한다고 생각했지.

일본이 필리핀을 곧 집어삼킬 것이라는 사실을 간파한 미국은

일본과의 전쟁을 피하기 위해 국무장관 코델 헐을 통해 수차례 일본과 협상을 벌였지만

일본은 협상을 받아들이지 않았어.

그리고 1941년 12월 7일, 일본은 미국의 해군 기지인 진주만을 기습 공격했지.

이로 인해 유럽에서 일어난 제2차 세계 대전이 태평양 지역으로 확산되어 전 세계가 전쟁터로 변해 버렸어.

일본은 진주만 공격 4시간 만에 바로 필리핀을 공격했어.

전혀 예상치 못한 공격이었기에 꼼짝없이 당한 미국은 큰 타격을 입었지.

그리고 밤낮없이 마닐라에 쏟아지는 폭탄과 밀려들어 오는 2만 여 명의 일본군을 막을 틈도 없이

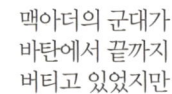

다양한 사회, 문화 개혁 프로그램을 진행했어.

그러나 독립을 간절히 바랐던 필리핀인들은 끊임없이 일본에 저항하는 운동을 벌였어.

일본은 이에 대해 수십만의 필리핀 인들을 학살하고,

매우 잔혹한 방법으로 정신적, 육체적 고문을 가하며 탄압했지.

태평양 전쟁이 막바지에 이르자 미국은 전쟁의 주도권을 다시 잡고 일본을 압박하기 시작했어.

필리핀을 떠나며 "다시 돌아오겠다."라고 했던 맥아더 장군은 레이테 상륙 작전을 통해 필리핀에 돌아왔어.

일본군은 마닐라를 끝까지 사수하기 위해 수천 명의 민간인을 학살하고,

무차별 공격으로 도시를 초토화시켰지.

1945년 2월, 마닐라는 다시 미국의 손으로 넘어왔어.

그러나 바뀐 시대 상황에서 필리핀은 이제 미국에게 그리 중요한 나라가 아니었어.

그 결과 약 1년이 지난 뒤, 전쟁 중 사망한 케손 대통령의 뒤를 이어 대통령이 된 오스메냐는 1946년 7월 4일 미국으로부터 필리핀의 독립을 선언했어.

동방의 진주로 불렸던 필리핀은 제국주의 세력들에 의해, 또 제국주의 열강 간의 다툼에서 민족의식과 주체성이 약해졌지.

필리핀의 민족 영웅, 호세 리살과 라푸라푸

호세 리살(1861~1896)

호세 리살은 유복한 가정에서 태어나 에스파냐로 건너가 마드리드 대학교에서 의학을 공부했어요. 1886년 리살은 에스파냐에서 그의 첫 소설 《나에게 손대지 말라》를 출간했지요. 에스파냐 신부들과 식민 통치자들의 부정부패를 다루며 식민 지배를 비판한 이 책은 유럽에서 베스트셀러가 될 정도로 큰 인기를 끌었어요. 그러자 에스파냐 당국은 그 책을 금서로 지정하고 그를 에스파냐에서 추방시켜 버렸어요. 이후 리살은 필리핀으로 돌아와 본국에서 개혁 운동을 해 나갑니다. 리살이 펼친 언론 활동은 1896년부터 일어났던 필리핀 혁명과 민족주의 사상의 바탕이 되었지요.

호세 리살

필리핀에서 요주의 인물로 에스파냐의 감시를 받던 리살은 '필리핀민족동맹'이라는 단체를 결성했다가 에스파냐 당국에 체포됩니다. 유배 기간 중 리살은 식민 당국으로부터 쿠바 망명을 제안받습니다. 1896년 자유를 위해 쿠바로 향하던 그는 쿠바에 도착하기도 전에 카티푸난 폭동과 연루되었다는 혐의를 받고는 필리핀으로 다시 돌려보내졌지요. 아무 증거도 없었지만 폭동 주도자라는 죄명으로 리살은 36세의 젊은 나이에 처형장의 이슬로 사라집니다. 리살은 현재까지도 필리핀 독립의 아버지로 많은 사랑을 받고 있답니다.

라푸라푸(1491~1542)

1521년, 페르디난드 마젤란은 세계 일주 항해 도중 태평양을 지나 간신히 필리핀의 세부에 도착했어요. 마젤란은 이곳에서 식량을 얻는 한편, 원주민들 모두가 가톨릭으로 개종할 것과 에스

파냐에게 복종해 에스파냐 국왕에게 조공을 바칠 것을 요구했어요. 각 지역의 족장들은 마젤란에게 굴복했지만, 막탄 섬의 족장인 라푸라푸는 마젤란의 요구를 거부했어요. 이에 마젤란은 막탄 섬을 토벌하기 위해 나섰지요. 라푸라푸는 에스파냐 군사들이 갑옷으로 무장했지만 다리에는 어떤 보호 장구도 없어 공격에 약하다는 것을 간파하고, 군사들의 다리를 공격하는 전술로 마젤란의 군사들을 물리쳤어요. 마젤란은 이 전투에서 숨을 거두지요.

라푸라푸는 서구 침략자에 용감히 맞선 최초의 동남아시아 인이자 필리핀 인의 자존심을 지킨 국민적인 영웅으로 추앙받고 있어요. 라푸라푸를 기념하기 위해서 막탄 섬은 현재 라푸라푸 시로 이름이 바뀌었고, 세부 섬에는 창을 들고 바다를 바라보고 있는 라푸라푸 족장의 동상이 있어요. 또한 필리핀 인들은 필리핀 해에서 잡히는 대표적인 생선 가운데 하나에 '라푸라푸'라는 이름을 붙이기도 했지요. 라푸라푸 족장의 또 다른 동상은 호세 리살을 기리는 리살 공원에 세워져 있어요. '자유의 파수꾼'으로 이름 붙여진 이 동상은 2004년에 한국자유총연맹이 한국 전쟁에서 끝까지 한국을 지원해 준 필리핀에 감사의 마음을 담아 헌정한 동상이랍니다.

라푸라푸 동상

재미있는 영국 국기 '유니언 잭' 이야기

영국 국기는 공식적으로 유니언 기라는 이름으로 사용되지만 유니언 잭이라는 애칭으로 잘 알려져 있어. 이 유니언 잭에 대해 알아볼까?

유니언 잭은 잉글랜드, 스코틀랜드, 아일랜드, 이 세 왕국의 기가 합쳐진 거야. 잉글랜드의 성 조지 십자 기, 스코틀랜드의 성 앤드류 십자 기, 아일랜드의 성 패트릭 십자 기를 더한 모양이지. 왕국이 합쳐질 때마다 국기도 합쳐졌어.

 +

잉글랜드 성 조지 십자 기 　　스코틀랜드의 성 앤드류 십자 기

엘리자베스 1세가 세상을 떠나면서 스코틀랜드의 제임스 1세가 잉글랜드의 왕이 되었어. 이때 잉글랜드와 스코틀랜드가 합쳐지면서 국기도 합쳐졌지. 1606년에 포고된 이 국기를 그레이트유니언 기라고 해. 웨일스도 연합 왕국의 하나였어. 그런데 웨일스 기가 유니언 잭에 더해지지 않은 것은 그레이트유니언 기가 만들어질 당시 웨일스가 이미 잉글랜드에 병합되어 있었기 때문이야.

그레이트유니언 기(일명 '제임스 기') (1606)

 +

그레이트유니언 기(1606) 　　아일랜드의 성 패트릭 십자 기

1801년에는 아일랜드가 합쳐져 그레이트브리튼 아일랜드 연합 왕국이 세워졌어. 이때 그레이트유니언 기에 아일랜드의 성 패트릭 십자 기가 더해져 지금의 영국 국기인 유니언 잭이 만들어졌단다.

영국 국기 유니언 잭(1801)